Bretonische Küche zum Verlieben

Jacques Thorel

Mein Dank gilt meiner Mutter und meiner Großmutter, die mir die Liebe zur einfachen aber raffinierten Kochkunst vermittelt haben und ebenfalls all denjenigen, die es mir ermöglichen, seit 40 Jahren zu träumen.

Aufnahmen
Claude HERLÉDAN
Einband Didier BENAOUDA

ÉDITIONS OUEST-FRANCE
13 rue du Breil, Rennes

EINFÜHRUNG

Eine Scheibe Brot, die man geruhsam abschneidet und mit Bauernbutter bestreicht, ist unübertrefflich, und jeder Bissen, den man genießt, ist wie ein Geschenk des Himmels.

So etwa könnte man die bretonische Küche versinnbildlichen, deren Entstehung hauptsächlich auf der Einfachheit, aber ebenso auf der Frische und dem Wohlgeschmack ihrer Erzeugnisse beruht.
Im Laufe der Jahre hat diese bescheidene Küche auch die anspruchsvollsten Gaumen erobert, sie hat es verstanden, ihrem Ursprung treu zu bleiben, d.h. die Qualität und Schmackhaftigkeit ihrer Erzeugnisse zu unterstreichen.
Dank einiger gewitzter Geister und ein paar Köchen - von denen unbedingt Edouard Nignon in Nantes erwähnt werden muß - verwandelte sich diese regionale Küche in bretonische Gastronomie, in welcher der Hummer gewiß einen Ehrenplatz einnimmt, in welcher aber auch häufig unterschätzte Fischarten, wie Barsch oder Meeraal, oder Qualitätsfleisch, wie das Belle-Ile-Lamm, ihren Platz haben.

Viele typische, lokale Rezepte sind noch unbekannt. In diesem Buch mache ich es mir zur Aufgabe, Ihnen diese Rezepte, die man sich in meiner Familie von Generation zu Generation weitergibt, zu enthüllen.

SUPPEN UND EINTÖPFE

Fischtopf aus der Gegend von Croisic

Für 6 Personen :
600 g Schollen,
600 g kleine Rochen,
600 g Meeräsche,
600 g Meeraal,
1 Weißteil vom Tintenfisch,
2 dl Muscadet,
6 große Kartoffeln,
3 Lauchstangen (nur die weißen Blätter),
2 Zwiebeln,
3 Knoblauchzehen,
150 g Butter,
1 Kräutersträußchen (Petersilie, Lorbeerblatt),
1 kleines Roggenbrot,
Salz,
frisch gemahlener Pfeffer.

- Die Fische mit größter Sorgfalt schuppen.
- Die flossen mit einer Schere abschneiden.
- Die Köpfe mit einem scharfen Messer abtrennen.
- Gründlich abspülen und auf Küchenkrepp abtropfen lassen.
- Die Fische in etwa 100g schwere Stücke zerteilen.
- Das Weißteil des Tintenfischs in 1 cm breite Streifen schneiden.
- Die Zwiebeln abziehen und in dünne Scheiben schneiden.
- Die Knoblauchzehen abziehen und hacken.
- Die Kartoffeln schälen, waschen und in dicke Scheiben schneiden.
- Die weißen Lauchblätter gründlich waschen und in schräge Stücke schneiden.
- In einem Tontopf die Zwiebeln und die Lauchstücke in 50 g Butter andünsten.
- Den Knoblauch und die Tintenfischstreifen dazugeben.
- Zugedeckt 10 Minuten lang weichdünsten lassen.
- Mit dem Muscadet und 2 l Wasser ablöschen.
- Das Kräutersträußchen und die Kartoffelscheiben zufügen.
- Das Stück Meeraal hineinlegen.
- 15 Minuten kochen lassen.
- Die anderen Fische hineingeben.
- Weitere knappe 5 Minuten kochen lassen. Abschmecken.
- Das Roggenbrot in dünne Scheiben schneiden und mit 100 g Butter bestreichen. Den Boden einer Suppenschüssel damit auslegen.
- Die Fischbrühe auf die Brotscheiben gießen.
- Das Gericht im Tontopf servieren.

Je nach Gewohnheit, essen die Fischer zuerst den Fisch und das Gemüse aus dem Tontopf, und nehmen erst danach die Brühe mit dem Brot zu sich.

Fischtopf von der Küste

1 kg Meeresfische
(Seehecht, Knurrhahn, Makrelen, Barsch, Meeraal usw.),
100 g Butter,
Salz, Pfeffer, Lorbeerblatt, Thymian,
2 Knoblauchzehen,
5 große Kartoffeln,
3 mittelgroße Zwiebeln,
1 (dicke) Scheibe Bauernbrot pro Person,
Öl und Essig.
Foto auf gegenüberliegender Seite

- Die Fische äußerst sorgfältig schuppen.
- Die Flossen mit einer Schere abschneiden.
- Die Köpfe mit einem scharfen Messer abtrennen.
- Gründlich waschen und auf Küchenkrepp abtropfen lassen.
- Die größeren Fische in Stücke schneiden.
- Die Zwiebeln abziehen und in dünne Scheiben schneiden.
- Die beiden Knoblauchzehen abziehen, zerdrücken und kleinhacken.
- Die Kartoffeln schälen, waschen und vierteln.
- Die Zwiebeln in einem kleinen Topf in Butter andünsten.
- Pro Gast 1/3 l Wasser zuschütten. Mit Salz und Pfeffer würzen.
- Die geviertelten Kartoffeln, den Thymian, das Lorbeerblatt und die gehackten Knoblauchzehen dazugeben.
- Wenn die Kartoffeln gar sind, die Hitze verstärken und die Fischstücke zufügen.
- Sobald der Fisch gar ist, jeweils ein Stück auf eine Scheibe leicht geröstetes Bauernbrot legen und mit der Brühe übergießen.
- Mit einer Petersilien-Vinaigrette servieren.

QUIBERONER FISCHTOPF

500 g blaue Fische (Makrelen, Sardinen),
800 g kleine Goldbrassen (corlazo),
100 g Butter,
Salz, Pfeffer, Thymian, Majoran, Petersilie,
1 große Zwiebel,
5 große Kartoffeln,
geröstete Brotstückchen,
Öl und Essig.

- Die Fische mit größter Sorgfalt schuppen.
- Die Flossen mit einer Schere abschneiden.
- Die Köpfe mit einem scharfen Messer abtrennen.
- Gründlich abspülen und auf Küchenkrepp abtropfen lassen.
- Falls die Fische zu groß sind, in Stücke zerteilen.
- Die Zwiebel abziehen und in dünne Scheiben schneiden.
- Die Kartoffeln schälen, waschen und in dicke Scheiben schneiden.
- In einem Topf die Zwiebel in Butter andünsten.
- Mit 2 l Wasser ablöschen.
- Die Kräuter und die Kartoffeln zufügen.
- 15 Minuten kochen lassen.
- Die Fische (oder die Fischstücke) in den Sud geben.
- 5 Minuten weiterköcheln lassen.
- Abschmecken.
- Die Brühe über die gerösteten Brotstückchen gießen.
- Die Fische werden getrennt serviert und mit Öl und Essig beträufelt.

SAUERAMPFERSUPPE

300 g Sauerampfer,
100 g Butter,
1 dl Wasser,
2 Eigelb,
2 dl crème fraîche,
10 Scheiben Brot.

- Die harten Rippen der Sauerampferblätter entfernen.
- Die Blätter gründlich abspülen und in einem Sieb abtropfen lassen.
- Mit einem Küchenhandtuch oder in einer Salatschleuder trocknen.
- In 100 g Butter andünsten.
- Häufig mit einem Holzlöffel umrühren.
- Wenn die Sauerampferblätter schön durchgegart sind, mit dem Wasser aufgießen, aufkochen und 10 Minuten köcheln lassen.
- Die Brotscheiben rösten und eine Suppenschüssel damit auslegen.
- Die 2 Eigelb mit 2 dl crème fraîche verrühren.
- Nach 10 Minuten Kochzeit, die Suppe durchmixen und noch einmal zum Sieden bringen.
- Die Suppe auf die gerösteten Brotscheiben in die Suppenschüssel gießen.
- Die gerösteten Brotscheiben können auch durch Fadennudeln ersetzt werden.

BUCHWEIZENSUPPE MIT SPECK

100 g Schweineschmalz,
300 g geräucherter Schweinespeck,
250 g Buchweizenmehl,
3 l Wasser,
1 Kräutersträußchen (Petersilie,
Thymian, Lorbeerblatt),
4 Scheiben Toastbrot,
100 g Butter.

- Die Schwarte des geräucherten Schweinespecks entfernen, den Speck in Scheiben und dann in kleine, fingerdicke Streifen schneiden.
- Diese im Schweineschmalz anbraten, bis sie etwas Farbe angenommen haben. Dabei aufpassen, daß das Fett nicht zu dunkel wird.
- Das Buchweizenmehl zugeben und unter Rühren 5 Minuten einbrennen lassen.
- Mit 3 l Wasser ablöschen.
- Zum Kochen bringen, dabei häufig mit einem Holzlöffel umrühren.
- Das Kräutersträußchen hineingeben.
- 1 Stunde köcheln lassen, die Suppe soll eine cremige Konsistenz bekommen.

• Es muß zwischendurch häufig umgerührt werden, da diese Art von Zubereitung leicht am Topfboden ansetzt.
• Gegebenenfalls nachwürzen und die Suppe mit kleinen, in Butter gerösteten Brotwürfeln servieren.

KRABBENSUPPE

1 kg blaue Krabben,
1 große Zwiebel,
1 Lauchstange,
2 Karotten,
1 Zweig Stangensellerie,
500 g Tomaten,
2 Knoblauchzehen,
2,5 dl Weißwein,
1 l Wasser,
3 EL Schnaps,
100 g Butter.

• Die Zwiebel abziehen und in dünne Scheiben schneiden.
• Die Lauchstange und den Selleriezweig putzen, waschen und würfeln.
• Die Karotten abschaben und in Scheiben schneiden.
• Die beiden Knoblauchzehen abziehen und hacken.
• Die Krabben unter fließendem Wasser abbürsten, bis das Wasser klar bleibt.
• Das Gemüse in einem kleinen Topf langsam in der Butter andünsten.
• Die Krabben mit einem scharfen Messer in vier Teile zerteilen.
• Die Hitzezufuhr unter dem Topf verstärken und die zerteilten Krabben hineingeben.
• Gut umrühren, bis die Krabben Farbe annehmen.
• Den Obstschnaps zugießen und flambieren.
• Die geviertelten Tomaten und den Knoblauch zugeben.
• Mit Weißwein und Wasser aufgießen.
• Zum Kochen bringen und 20 Minuten köcheln lassen.
• Die Suppe durchmixen, damit die Krabben zerkleinert werden.
• Die Suppe durch ein großlöchriges Sieb gießen, dabei gut durchrühren, damit sich auch alle Säfte der Suppe richtig entfalten können.
• Gegebenenfalls nachwürzen.
• Die Suppe heiß in einer Suppenschüssel servieren.
• Dazu kleine, im Ofen geröstete, mit Knoblauch eingeriebene Brotstücke servieren.

HERZMUSCHELSUPPE MIT CURRY

2 kg Herzmuscheln,
100 g Butter,
3 Schalotten,
3 dl Weißwein,
3 dl crème fraîche,
1/2 TL Curry,
2 kleine Äpfel.

• Die Herzmuscheln mindestens 2 Stunden in kaltem Wasser ausschleimen lassen.
• Unter fließendem Wasser abbürsten und in einem Sieb abtropfen lassen.
• Die Schalotten abziehen und in feine Scheiben schneiden.
• Die Schalotten und den Weißwein in einen kleinen Topf geben.
• Sobald die Flüssigkeit anfängt zu kochen, die Muscheln zugeben und den Topf schließen.
• Sobald Dampf aus dem Topf entweicht, den Deckel abnehmen und die Muscheln durchrühren oder schütteln.
• Den Deckel wieder auflegen und weitere 5 Minuten kochen.
• Den Topf vom Herd nehmen.
• Das Muschelfleisch aus den Schalen lösen und in 6 Suppenschalen verteilen.
• Den Kochsud durch ein Haarsieb in einen anderen Topf seihen, es darf kein Sand mit hindurchfließen.
• Die crème fraîche und das Currypulver zugeben und 5 Minuten köcheln lassen.
• Äpfel schälen, Kerngehäuse entfernen und kleinwürfeln. In die 6 Suppenschalen verteilen.
• 100 g Butter in die Suppe geben und durchmixen.
• Gegebenenfalls nachwürzen.
• Die Suppe in die 6 Suppenschalen verteilen und heiß servieren.

Muschelsuppe

1 kg Miesmuscheln,
3 große Kartoffeln,
1 dicke Lauchstange,
2 Karotten,
1 kleiner Becher Sahne,
1 Kräutersträußchen (Petersilie, Thymian, Lorbeerblatt).

- Die Muscheln in 1/2 l kochendem Wasser zum Öffnen bringen.
- Den Muschelsud durchseihen.
- Das Muschelfleisch aus den Schalen lösen und momentan beiseite legen.
- Das Gemüse säubern und gegebenenfalls schälen.
- Die Lauchstange in kleine Stücke schneiden und in einem Topf in Butter andünsten.
- Mit dem Muschelsud aufgießen (es werden etwa 2 l Kochsud benötigt, eventuell mit Wasser verlängern). Die kleingeschnittenen Karotten dazugeben und 10 Minuten kochen.
- Die in kleine Stücke geschnittene Kartoffel dazufügen und weitere 15 Minuten kochen lassen.
- Die Sahne und das Muschelfleisch dazugeben. Noch einmal aufwallen lassen und mit gerösteten Brotstückchen servieren.

Fischtopf von Lorient

Für 6 Personen :
700 g Knurrhahn,
500 g Seehecht,
250 g Makrelen,
500 g Kartoffeln,
100 g Karotten,
100 g Lauch,
10 Sauerampferblätter,
150 g Butter,
1 Tomate,
1 Knoblauchzehe,
1 kleines Stangenbrot (flûte),
Salz, Pfeffer

- Die Fische mit äußerster Sorgfalt schuppen.
- In ungefähr 100 g schwere Stücke schneiden.
- Die Kartoffeln und die Karotten schälen und abspülen.
- Den Lauch ganz gründlich waschen und von Schmutz befreien.
- Die Rippen der Sauerampferblätter entfernen und die Blätter kleinhacken.
- Die Tomaten vierteln und entkernen.
- Karotten, Kartoffeln und Lauch in ganz kleine Stücke schneiden.
- Das Brot in ganz dünne Scheibchen schneiden und rösten.
- Die Fischstücke in 4 l Salzwasser zum Kochen bringen und Pfeffer, Knoblauch und Tomatenviertel zugeben.
- Sobald der Fisch gar ist, aus dem Topf nehmen.
- Den Kochsud durch ein Haarsieb in einen anderen Topf seihen.
- In dieser Flüssigkeit das kleingeschnittene Gemüse weichgaren.
- Den Boden einer Suppenschüssel mit 150 g Butter ausstreichen und die gehackten Sauerampferblätter darüber verteilen. Darüber legt man die gerösteten Brotscheibchen.
- Die kochende Brühe über das Brot gießen, die Schüssel zudecken und vor dem Servieren 7 bis 8 Minuten ziehen lassen.
- Die inzwischen von den Gräten befreiten Fischstücke können mit der Suppe gegessen oder getrennt serviert werden.

Kürbissuppe

1 kg Kürbis,
1 l Vollmilch,
100 g Butter,
Salz, Pfeffer.
Foto auf gegenüberliegender Seite

- Den Kürbis schälen und entkernen.
- Das Fleisch in dicke Würfel schneiden.
- Die Milch zum Kochen bringen und die Kürbiswürfel hineingeben.
- Salzen.
- Häufig umrühren, da der Kürbis leicht ansetzt.
- 20 Minuten köcheln lassen.
- Die Suppe durchmixen oder durch die Flotte Lotte drehen.
- Die Butter zufügen und noch einmal durchmixen, damit die Suppe sämig wird.
- In eine Suppenschüssel gießen und nach Belieben mit gerösteten Brotscheiben servieren.

MUSCHELN UND SCHALENTIERE

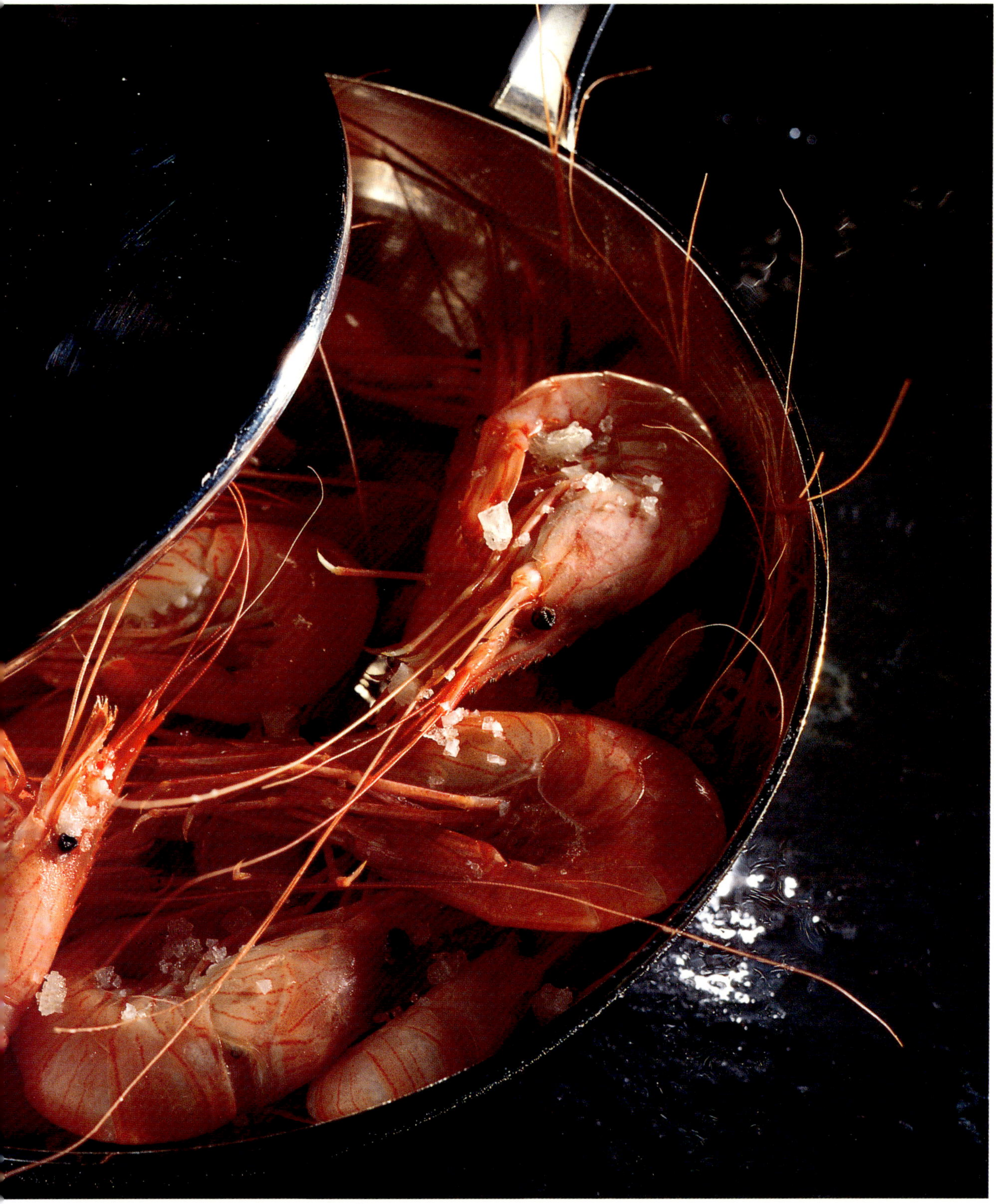

WELLHORNSCHNECKEN IM SUD

3 KG WELLHORNSCHNECKEN,
1 EL FENCHELSAMEN,
1 EL KORIANDERKÖRNER,
1 EL SCHWARZER PFEFFER,
1 STÜCKCHEN STERNANIS,
4 KLEINE SCHEIBCHEN INGWER,
1 LORBEERBLATT,
1/2 GLAS WEINESSIG,
THYMIAN, PETERSILIE, SALZ
1 STÜCKCHEN UNBEHANDELTE ORANGENSCHALE,
5 ZITRONENSCHEIBE.
Foto auf gegenüberliegender Seite

- Die Schnecken in viel Wasser kräftig durchwaschen. Abtropfen lassen.
- Dann in eine Schüssel geben und mit kaltem Wasser übergießen, dem 2 Handvoll grobes Salz zugefügt wurden. 3 bis 4 Stunden unter gelegentlichem Umrühren ausschleimen lassen.
- Die Schnecken dann herausnehmen, in einen Topf geben und mit 5l Wasser begießen.
- Alle Würzzutaten hineingeben, salzen und zum Kochen bringen.
- Abschäumen.
- 40 Minuten kochen lassen.
- Heiß servieren, auf diese Weise entfaltet sich der typisch bretonische Duft.
- Roggenbrot und frische Butter dazu reichen.

WELLHORNSCHNECKEN MIT KRÄUTERFÜLLUNG

60 WELLHORNSCHNECKEN, IM SUD VORGEKOCHT,
300 G LEICHT GESALZENE BUTTER,
50 G BRENNESSELBLÄTTER,
50 G KRESSE,
50 G GRÜNE LAUCHBLÄTTER,
50 G SELLERIE,
50 G PETERSILIE,
SAFT EINER HALBEN ZITRONE,
1 KNOBLAUCHZEHE,
3 TROPFEN ANISSCHNAPS,
1/2 DL SCHNECKENSUD.

- Die Schnecken aus ihren Häuschen ziehen (am besten mit einer Nadel) und die kleinen, grauen, spiralförmigen Auswüchse vom Schneckenkörper entfernen, sodaß nur der weiße Teil übrigbleibt.
- Die Häuser gründlich waschen und vorerst beiseite legen.
- Die Kräuter (außer der Petersilie) 2 Minuten in kochendem Wasser blanchieren und danach in Eiswasser abschrecken.
- Abtropfen lassen und gut ausdrücken.
- Die blanchierten Kräuter, die Petersilie und die Knoblauchzehe kleinhacken.
- Mit der Butter vermischen und dabei den Anisschnaps, den Saft der halben Zitrone und den Schneckensud hineinarbeiten.
- Das Schneckenfleisch grob hacken.
- Mit der Kräuterbutter vermischen.
- Nach Belieben nachwürzen.
- Die Schneckenhäuser mit der Farce füllen.
- Bei 200° im Backofen 10-12 Minuten überbacken.

JAKOBSMUSCHELN AUF BRETONISCHE ART

FÜR 4 PERSONEN :
12 SCHÖNE GROßE JAKOBSMUSCHELN,
4 MITTELGROßE ZWIEBELN,
4 SCHALOTTEN,
300 G LEICHT GESALZENE BUTTER,
50 G IN MILCH EINGEWEICHTE BROTKRUME,
100 G SEMMELBRÖSEL,
1 KLEINES STÜCKCHEN KNOBLAUCH,
FRISCHGEMAHLENER PFEFFER.

- Lassen Sie sich die Jakobsmuscheln von Ihrem Fischhändler vorbereiten, behalten sie nur die Nuß und den orangeroten Rogen (den Corail) zurück.
- In dicke, gleichmäßige Scheiben schneiden.
- Zwiebeln und Schalotten feinhacken und bei kleiner Hitze langsam in 200 g Butter dünsten. Dabei häufig durchrühren, sie sollen nicht bräunen.
- Wenn sie weichgedünstet sind, die Muschelstücke, das Stückchen Knoblauch und die eingeweichte Brotkrume zufügen.
- 5 Minuten garen lassen.
- Gegebenenfalls nachwürzen.
- Die Füllung auf 4 Jakobsmuscheln verteilen.
- Jede Muschel mit Semmelbröseln bestreuen, mit kleinen Butterflöckchen belegen und im heißen Ofen 10 Minuten überbacken.

JAKOBSMUSCHELN AUF QUIBERONER ART

FÜR 4 PERSONEN :
12 SCHÖNE, GROßE JAKOBSMUSCHELN AUS DER BUCHT VON QUIBERON,
(DIES IST FÜR DAS GELINGEN DES GERICHTS WICHTIG, DENN DIE MUSCHELN SIND DORT VON HERVORRAGENDER QUALITÄT UND FLEISCHIGER ALS IN ANDEREN GEGENDEN),
200 G LEICHT GESALZENE BUTTER,
PETERSILIE, THYMIANBLÜTEN,
GROBES SALZ,
FRISCHGEMAHLENER PFEFFER.
Foto unten

- Lassen Sie sich die Jakobsmuscheln von Ihrem Fischhändler vorbereiten, und behalten
- Sie nur die Nüsse und den orangefarbenen Rogen.
- Jede Nuß in 3 gleichmäßige Teile, den Rogen in kleine Würfel schneiden.
- Die vier schönsten Muschelhälften aussuchen und gründlich säubern.
- Den Boden jeder der vier Muschelhälften buttern und darauf die Nußscheiben und die Rogenwürfel verteilen.
- Mit einem Pinsel etwas geschmolzene Butter auf das Muschelfleisch auftragen und mit ein paar Thymianblüten, gehackter Petersilie, Salz und frisch gemahlenem Pfeffer überstreuen.
- Im heißen Ofen etwa 3 Minuten überbacken.

SCHNECKENKÜCHLEIN IM SCHWEINSNETZ

- Die Wellhornschnecken 40 Minuten im Sud kochen lassen.
- Die Napfschnecken ebenfalls zugedeckt in etwas Salzwasser kochen.
- Die fertig gekochten Wellhorn-und Napfschnecken aus den Häuschen ziehen.
- Die kleinen spiralförmigen Auswüchse von den Schneckenkörpern entfernen und ebenso den kleinen schwarzen Sack auf den Napfschnecken.
- Das Suppengemüse putzen, waschen und in etwas Butter zusammenfallen lassen.
- Das Schneckenfleisch grob hacken.
- Das Suppengemüse grob schneiden.
- Den Schnittlauch und die Petersilie kleinschneiden.
- Das Wurstbrät, das Schneckenfleisch, die gehackten Kräuter, den Weißwein und den Apfelschnaps vermischen.
- Würzen.
- Kleine Küchlein von 100 g formen und in Schweinsnetz hüllen.
- In eine Tonform schichten und 50 g vom Kochsud der Wellhornschnecken dazugießen.
- Im Ofen bei 200° ungefähr 30 Minuten überbacken.
- Man kann die Küchlein ebenfalls langsam in der Pfanne am offenen Feuer zubereiten.
- Je nach Geschmack warm oder kalt servieren.

FÜR 4 PERSONEN :
500 G WURSTBRÄT,
500 G WELLHORNSCHNECKEN,
500 G NAPFSCHNECKEN,
EINE GUTE HANDVOLL SUPPENGEMÜSE (SPINAT, SAUERAMPFER, LAUCHGRÜN USW.),
1 DL WEIßWEIN,
1 EL APFELSCHNAPS,
PETERSILIE, SCHNITTLAUCH,
1 SCHWEINSNETZ.
Foto oben

HUMMER AUF FISCHERART

Auf diese Weise bereiteten die Fischer früher, wenn sie vom Fang zurückkamen, den Hummer zu.

- Die Schalotten und die Zwiebeln abziehen, den Sellerie und den Lauch putzen und in 1 cm große Stücke schneiden.
- In einen Tontopf den Apfelwein, den Obstler, die Schalotten, die Zwiebeln, die ungeschälten Knoblauchzehen, den Lauch, den Sellerie und das Kräutersträußchen geben.
- Salzen und pfeffern.
- Zum Kochen bringen und 5 Minuten köcheln lassen.
- Die Hummer in Stücke schneiden (Oberteil der Länge nach halbieren, Schwanz in 4 Ringe zerteilen).
- Die Hummerstücke in den Topf geben und zugedeckt 10 Minuten kochen lassen.
- Den Topf auf die Tischmitte stellen und den Deckel hochheben : alle der für die Bretagne so typischen Düfte können so Ihren Geruchsinn umschmeicheln.
- Unsere Vorfahren aßen dieses Gericht mit Roggenbrot und leicht gesalzener Butter.

FÜR 4 PERSONEN :
2 Hummer von je 800g,
1 l trockener Apfelwein (Cidre),
1 dl Apfelschnaps (Lambig, lokaler Obstler),
4 kleine Schalotten,
4 kleine Zwiebeln,
4 Knoblauchzehen,
1 Zweig Stangensellerie.,
1 Stange Lauch,
1 TL schwarzer Pfeffer,
1 EL grobes Salz,
1 Kräutersträußchen (Petersilie, Thymian, Lorbeerblatt, Majoran).

GEGRILLTER HUMMER MIT ESTRAGON

- Die noch lebenden Hummer der Länge nach halbieren, dazu ein sehr scharfes Messer benutzen.
- Das kleine Hautsäckchen innerhalb des Kopfteils, welches den für die Verdauung notwendigen Kies enthält, herauslösen.
- Die vier Hälften reichlich buttern und mit Salz und frisch gemahlenem Pfeffer bestreuen.
- Auf ein Backblech des Backofens legen.
- Etwa 20 Minuten bei 220° übergrillen.
- Den Apfelschnaps dazugießen, aber nicht flambieren.
- Die Hummer vom Blech nehmen.
- Sahne zum Schnaps gießen und Estragonzweige dazulegen.
- Die Soße getrennt zum Hummer servieren.

FÜR 4 PERSONEN :
2 Hummer von je 800g,
100 g Butter,
1 dl Sahne,
1 dl Lambig (bretonischer Apfelschnaps),
2 Estragonzweige.

HUMMER IN SAHNESOßE

- Hummer halbieren, man erhält somit 4 Hummerhälften, 4 Schwanzhälften und 4 Scheren.
- Den cremigen Rogen aus den Brustteilen lösen.
- Jedes Teil salzen und pfeffern.
- Den Rogen mit 50 g Butter verkneten und beiseite stellen.
- Die Hummerstücke mit 50 g Butter in einem Bräter anbraten. Die beiden feingehackten
- Schalotten dazugeben, anschwitzen und mit 1,5dl Weißwein ablöschen. Leicht einkochen lassen und die Sahne zugießen.
- 8 Minuten köcheln lassen, dann die Hummerstücke herausnehmen und warm stellen.
- Die Soße mit der Rogenbutter binden.
- Durch ein Sieb streichen und über die Hummerstücke geben. Warm stellen.
- Kurz vor dem Servieren 5 cl Weißwein und einige Kerbelblättchen zufügen.

FÜR 4 PERSONEN :
2 Hummer von jeweils 800 g,
2 gehackte Schalotten,
150 g Butter,
2 dl Sahne,
2 dl Weißwein,
Salz, Pfeffer,
Kerbel.

MUSCHELN IN THYMIANSOSSE

FÜR 4 PERSONEN :
2 KG MIESMUSCHELN,
100 G LEICHT GESALZENE BUTTER,
4 SCHALOTTEN,
2 THYMIANZWEIGE,
2 DL MUSCADET,
2,5 DL CRÈME FRAÎCHE.

- Die Miesmuscheln bürsten und abkratzen.
- Gründlich unter fließendem Wasser abspülen und in einem Sieb abtropfen lassen.
- Die Schalotten abziehen und in dünne Scheiben schneiden.
- Den Thymian zerbröseln (man benötigt ungefähr einen Teelöffel).
- Die Schalotten, die Butter und den Wein in einen größeren Topf geben.
- Pfeffern und 5 Minuten lang kochen lassen.
- Die Muscheln zufügen und den Topf zudecken.
- Die Hitzezufuhr verstärken.
- Sobald Dampf aus dem Topf entweicht, den Deckel abnehmen und die Muscheln mehrmals durchschütteln. Falls Ihnen diese Methode zu umständlich erscheint, können Sie auch einen Schaumlöffel zum Umrühren nehmen.
- Sobald alle Muscheln geöffnet sind, den Topf vom Herd nehmen.
- Die Muschelschalen auseinanderbrechen und die leere Hälfte wegwerfen.
- Die Schalen mit dem Muschelfleisch nebeneinander in eine tiefe Form legen.
- Den Kochsud in einen anderen Topf umgießen. Dabei darauf achten, daß kein Sand mit hineingerät.
- Den zerbröselten Thymian in den Sud geben und diesen 2 Minuten lang kochen lassen.
- Die crème fraîche zufügen und weitere 5 Minuten kochen.
- Die Soße soll schön cremig sein.
- Je nach Geschmack nachwürzen.
- Die Soße über die Muscheln gießen und im heißen Ofen etwa 3 Minuten überbacken.

MUSCHELN AUF SEEMANNSART

FÜR 4 PERSONEN :
2 KG MIESMUSCHELN,
100 G LEICHT GESALZENE BUTTER,
2 KNOBLAUCHZEHEN,
1 ZWIEBEL,
3 SCHALOTTEN,
1 THYMIANZWEIG,
1 KLEINER BUND PETERSILIE,
1 KLEINES LORBEERBLATT,
2 DL MUSCADET.
Foto auf gegenüberliegender Seite

- Miesmuscheln abbürsten und abkratzen.
- Kurz unter fließendem Wasser abspülen und in einem Sieb abtropfen lassen.
- Die Zwiebel und die Schalotten abziehen und in ganz dünne Scheiben schneiden.
- Knoblauchzehen abziehen und hacken.
- Zwiebel, Schalotten, Knoblauch, Butter, Petersilie, Thymian, Lorbeerblatt und Wein in einen größeren Topf geben.
- Pfeffern und 5 Minuten lang kochen lassen.
- Die Muscheln in den Topf geben und diesen zudecken.
- Die Hitzezufuhr verstärken.
- Sobald Dampf aus dem Topf entweicht, den Deckel abnehmen und die Muscheln durchschütteln.
- Falls Ihnen diese Methode zu umständlich erscheint, können sie auch mit einem Schaumlöffel umrühren.
- Wieder zudecken und noch 1 Minute kochen lassen.
- Alle Muscheln müssen geöffnet sein. Andernfalls den Schüttelvorgang nochmals wiederholen.
- Wenn alle Muscheln geöffnet sind, diese auf einen tiefen Servierteller legen.
- Mit dem Muschelsud übergießen. Dabei darauf achten, daß kein Sand mit hineingerät.
- Noch dampfend servieren.

GEFÜLLTE SEEIGEL

FÜR 4 PERSONEN :
12 "VIOLETTE" SEEIGEL VON DER BRETONISCHEN KÜSTE,
6 JAKOBSMUSCHELN,
4 SCAROLE-SALATBLÄTTER,
1 DL CRÈME FRAÎCHE,
50 G BUTTER.
Foto auf gegenüberliegender Seite

- Von den Jakobsmuscheln nur die Nüsse und die Rogen behalten.
- Die Seeigel mit Hilfe einer Schere öffnen. Umdrehen, damit Wasser und Unreinheiten austropfen können.
- Die schwarzen Teile zwischen den orangefarbenen kleinen Zungen mit einem kleinen Löffel herauslösen. Es bleiben also 5 kleine Zungen in jeder Seeigelhälfte.
- Die Salatblätter waschen, in ganz feine Streifen schneiden und in Butter andünsten.
- Die Muschelnüsse und die Rogen würfeln.
- Die crème fraîche aufkochen und mit den Salatblättern und den Jakobsmuschelstücken vermischen.
- Salzen und pfeffern.
- Diese Füllung in die Seeigelhälften verteilen.
- 3 Minuten im Ofen gratinieren.
- Sofort servieren und mit einem kleinen Löffel genießen.

ÜBERBACKENE VENUSMUSCHELN

FÜR 4 PERSONEN :
48 VENUSMUSCHELN,
300 G LEICHT GESALZENE BUTTER,
20 G SCHALOTTEN,
10 G KNOBLAUCH,
50 G PETERSILIE,
5 G FRISCH GEMAHLENER PFEFFER.

- Die Venusmuscheln zugedeckt in wenig Wasser solange erhitzen, bis sich alle geöffnet haben.
- Danach eine der Schalenhälften entfernen und die Hälfte mit dem Muschelfleisch auf vier ofenfeste Teller verteilen.
- Die Schalotten, den Knoblauch und die Petersilie im Mörser zerstampfen (oder mit einem Messer sehr fein hacken). Dann mit der weichgeschlagenen Butter vermischen.
- Nach Geschmack würzen.
- 1 Teelöffel dieser Butter auf jede Venusmuschel geben.
- Die Teller mit den Muscheln im heißen Ofen bei 220° ungefähr 8 Minuten überbacken.
- Heiß servieren.

SAUTIERTE KAISERGRANATE MIT CURRY

FÜR 4 PERSONEN :
1 KG KLEINERE, NOCH LEBENDE KAISERGRANATE,
100 G LEICHT GESALZENE BUTTER,
1 EL ÖL,
1 KNOBLAUCHZEHE,
1 TL CURRY,
SALZ, FRISCH GEMAHLENER PFEFFER.

- Kleine, lebende Kaisergranate kaufen.
- Die toten Tiere aussortieren, die lebenden gründlich säubern (kleine Algen, kleine tote Fischchen entfernen). Kurz unter fließendem Wasser abspülen und in einem Sieb abtropfen lassen.
- Knoblauchzehe abziehen und fein hacken.
- Die Butter und das Öl in einer großen Pfanne erhitzen.
- Den Teelöffel Curry zufügen und die Pfanne schwenken, damit sich alles gleichmäßig vermischt.
- Sobald das Butter/Öl/Currygemisch zu schäumen anfängt, die Kaisergranate hineingeben.
- 2 Minuten lang unter Schütteln anbraten (man kann auch einen Spatel zum Wenden nehmen).
- Den feingehackten Knoblauch zufügen.
- Weitere 4 Minuten unter Schütteln schmoren lassen.
- Auf einer Platte anrichten. Heiß servieren.
- Zum Reinigen der Finger eine Schale mit Zitronenwasser auf den Tisch stellen.

Muschel-Terrine

Für 6 Personen :
1 kg Herzmuscheln,
1 kg Miesmuscheln,
500 g Seehechtfilet (häufig auch Seelachs genannt),
1 kg Kartoffeln,
3 Eier,
1 Bund Schnittlauch,
1 dl Muscadet,
100 g crème fraîche,
Salz,
frisch gemahlener Pfeffer,
1 Kräutersträußchen,
2 Schalotten.

- Die Kartoffeln schälen und waschen.
- Sehr fein reiben.
- Schnittlauch kleinschneiden.
- Die Schalotten abziehen und in dünne Scheiben schneiden.
- Die Miesmuscheln und die Herzmuscheln gründlich säubern, abspülen und in einem Sieb abtropfen lassen.
- Den Muscadet in einen Topf gießen und die Schalotten und das Kräutersträußchen dazugeben.
- Miesmuscheln und Herzmuscheln zufügen.
- Unter großer Hitzezufuhr zum Öffnen bringen.
- Das Muschelfleisch aus den Schalen lösen.
- 1 dl Muschelsud abmessen, den Rest für eine Muschelsuppe aufheben.
- Das Seehechtfilet kleinhacken und die Masse mit dem Muschelfleisch und den geriebenen Kartoffeln vermischen.
- Den kleingeschnittenen Schnittlauch, die 3 Eier, die crème fraîche und 1 dl vom Muschelsud zufügen.
- Alles gut miteinander vermischen und würzen.
- In eine Terrine füllen und zugedeckt 1 1/2 Stunden bei 180° im Ofen garen.
- Diese Terrine kann je nach Geschmack und Jahreszeit kalt oder warm gegessen werden.

Überbackene Teppichmuscheln nach Art des Verfassers

Für 4 Personen :
48 Teppichmuscheln,
250 g leicht gesalzene Butter,
50 g Schalotten,
10 g Knoblauch,
20 g Petersilie,
20 g geriebene Mandeln.

- Die rohen Teppichmuscheln mit der Hand öffnen.
- Die leere Schalenhälfte entfernen.
- Die Schalen mit dem Muschelfleisch auf vier ofenfeste Teller verteilen (es gibt spezielle Teller für diese Art Muscheln).
- Petersilie, Knoblauch und Schalotten getrennt hacken.
- Die Schalottenstückchen leicht in etwas Butter andünsten.
- Danach die gehackte Petersilie, den Knoblauch und die restliche Butter zugeben und erhitzen, bis die Butter anfängt zu schäumen.
- Die gut schäumende Butter auf dem Muschelfleisch verteilen.
- Mit den geriebenen Mandeln bestreuen und 5 Minuten im heißen Ofen gratinieren.
- Heiß servieren.

FISCHE

Aal mit Backpflaumen

- Die Perlzwiebeln abziehen.
- Den sandigen Teil der Champignons entfernen.
- Zweimal gründlich abspülen, damit kein Sand mehr haften bleibt.
- Champignons vierteln.
- Die Aale säubern und häuten, waschen und in Stücke schneiden.
- In heißer Butter ringsum anbraten. Wenn die Stücke leicht Farbe angenommen haben, aus der Pfanne nehmen.
- Die Speckstückchen und die Perlzwiebeln anbraten, mit Mehl betäuben und mit dem Rotwein ablöschen. Thymian, Lorbeerblatt und Salz zugeben.
- Die Aalstücke in diese Soße legen.
- Die Backpflaumen zufügen.
- Die Champignons kurz in 1 EL erhitztem Öl ringsum anbraten und dann zu den Aalstücken in die Soße geben.
- 30 Minuten bei geringer Hitze köcheln lassen.

Für 4 Personen :
4 Aale von je 500 g,
10 Perlzwiebeln,
200 g Zuchtchampignons,
100 g Butter,
100 g Magerspeck, in Stückchen geschnitten,
1 Zweig Thymian,
1 Lorbeerblatt,
12 Backpflaumen,
1 Flasche Rotwein (Chinon),
Salz, Pfeffer,
1 EL Öl.
Foto auf gegenüberliegender Seite

Geschmorte Meeräsche von der Insel Arz

Die Meeräsche ist ein ungeliebter und v.a. verkannter Leckerbissen. Mit Kennerblick ausgesucht, ist sie ein echter Gaumenkitzler.
Man benötigt eine sog. "springende" Meeräsche, die auf der Auslage im Fischgeschäft nur an dem goldgelben Fleck auf der Kopfseite erkennbar ist.

- Den Fisch sorgfältig schuppen und ausnehmen.
- Die Flossen mit einer Schere abschneiden.
- Gründlich waschen und auf Küchenkrepp gut abtropfen lassen.
- Die Zwiebel und die Schalotten abziehen und in dünne Scheiben schneiden.
- Die Lauchstangen säubern und so oft abspülen, bis kein Schmutz mehr in den Blättern ist.
- Die Stangen in 3 cm lange Stücke schneiden.
- Das Fenchelkraut mit den Stengeln durch die Bauchöffnung der Äsche schieben und aus deren Maul herausschauen lassen.
- Eine Tonform - etwas länger als der Fisch - dick mit Butter ausstreichen.
- Den Fisch hineinlegen.
- Die Schalotten - und Zwiebelstückchen gleichmäßig darum verteilen. Die Lauchstücke dazugeben.
- Salzen und pfeffern.
- Den Muscadet und die Gemüsebrühe (es kann auch Wasser sein) dazugießen.
- Die Butter in kleine Stückchen schneiden und auf dem Fisch verteilen.
- 15 Minuten im Ofen schmoren.
- Die geschälten, entkernten und geviertelten Äpfel hineingeben und um den Fisch verteilen.
- Wenn der Saft sehr einkocht, den Topf mit Alufolie abdecken, wenn nicht, 15 Minuten offen weitergaren.
- Die Meeräsche regelmäßig während der Garzeit mit der Garflüssigkeit begießen.
- Im Topf auf den Tisch bringen.

Für 4 Personen :
1 Meeräsche von ungefähr 1,800 kg,
Ein paar Zweige trockenes Fenchelkraut,
4 bis 5 säuerliche Äpfel,
5 Lauchstangen,
2 Schalotten,
1 Zwiebel,
100 g Butter,
1 dl Muscadet,
3 dl Gemüsebrühe,
Salz,
frisch gemahlener Pfeffer.

Gebratener Rochen mit Speck

Für 4 Personen :
1 schöner Rochenflügel von ungefähr 1,5 kg,
4 schöne, dünngeschnittene Scheiben Bruststpeck (wenn es geht, ungeräuchert),
500 g Tomaten,
500 g Zuchtchampignons,
2 kleine Zucchinis,
2 Schalotten,
1 Zwiebel,
100 g Butter,
1 Thymianzweig,
Salz,
frisch gemahlener Pfeffer.
Foto unten

- Bitten Sie Ihren Fischhändler, die Haut vom Rochenflügel abzuziehen.
- Die Flügelspitzen abtrennen (sie sind nicht mit Fleisch überzogen und saugen die Butter beim Braten wie Schwämme auf).
- Den Rochenflügel sorgfältig abspülen und auf Küchenkrepp abtrocknen lassen.
- Die Zwiebel und die Schalotten abziehen und in dünne Scheiben schneiden.
- Die Tomaten enthäuten (dazu die Tomaten 30 Sekunden lang in kochendes Wasser tauchen), vierteln und entkernen.
- Die Champignons gründlich säubern, waschen und in Scheiben schneiden.
- Die Zucchinis in Scheiben schneiden. Die Speckscheiben um den Rochenflügel wickeln. Der Rochenflügel soll wie ein Paket völlig eingewickelt sein. Salzen und pfeffern.
- In einer hitzebeständigen Form 50 g Butter solange erhitzen, bis sie schaumig wird. Den Rochenflügel darin anbraten. Sobald der Speck eine goldgelbe Farbe angenommen hat, den Flügel wenden und die andere Seite ebenso goldgelb braten, dabei die Zwiebel und die Schalotten zufügen.
- Jetzt die geviertelten Tomaten, die Champignons und die Zucchinischeiben mit dazugeben.
- Das Thymianzweiglein auf den Rochenflügel legen, salzen, pfeffern und das Gericht für 20 Minuten bei 220° im Ofen garen.
- Am Ende der Garzeit die Form aus dem Ofen nehmen, mit Alufolie abdecken und 10 Minuten ruhen lassen.
- Die Alufolie abnehmen und in der Form servieren.

Jungaale in Vinaigrette

- Die Jungaale mehrere Male gründlich unter fließendem Wasser waschen, damit Sand und Schmutz entfernt werden.
- In einem großen Kochtopf leicht gesalzenes Wasser zum Kochen bringen.
- Die Aale hineintauchen und 1 Minute kochen lassen.
- Herausnehmen, abtropfen lassen und in eine Schüssel mit Eiswasser tauchen.
- Wieder abtropfen lassen und mit einem Küchenhandtuch vorsichtig abtrocknen.
- Die Vinaigrette zubereiten. Dazu das Öl mit dem Essig verrühren und mit Salz und Pfeffer würzen.
- Die in dünne Scheiben geschnittene Schalotte und die feingeschnittenen Kräuter in die Soße geben.
- Alles gut vermischen und die Jungaalstücke untermengen.
- Noch einmal abschmecken.

Dies ist eine Vorspeise, an der man sich vor etwa 20 Jahren mindestens einmal pro Woche in der Gegend um Saint Nazaire gelabt hat. Leider sind die Preise derart gestiegen, daß dieses Gericht heutzutage ein wahrer Luxus geworden ist.

Für 6 Personen :
1 kg Jungaale,
2 EL Essig,
5 EL Öl,
1 Schalotte,
1 kleiner Bund Petersilie,
1 kleiner Bund Schnittlauch.
Foto unten

Scholle mit Karotten

Für 4 Personen :
1 kg junge Karotten,
1 l Hühnerbrühe,
50 g Butter,
1 Scholle von 1,5 kg, d.h.
vier Portionen à 150 g ,
4 EL crème fraîche,
Salz, Pfeffer, Muskatnuß.
Foto auf gegenüberliegender Seite

- Filets von Ihrem Fischhändler abheben lassen.
- Die Karotten abschaben und waschen. In Scheiben schneiden.
- In der Hühnerbrühe und 50 g Butter garen, bis nahezu alle Flüssigkeit verdunstet ist.
- Mit Salz und Pfeffer abschmecken.
- Etwas crème fraîche auf die Fischfilets geben und etwas Muskatnuß darüber reiben.
- In eine flache, ofenfeste Form legen und 10 Minuten bei 200° im Ofen überbacken.
- Die Karotten auf eine Servierplatte geben und die Fischfilets behutsam darüberlegen.
- Servieren.

Meeraaltopf

1,5 kg Meeraal am Stück,
grobes Salz,
1 kg mittelgroße Kartoffeln,
20 Perlzwiebeln,
10 kleine Schalotten,
1 Kräutersträußchen.

- Das Stück Meeraal gründlich waschen. Mit Salz einreiben, in eine Form legen und mit Salz bedecken. Etwa 10 Tage ziehen lassen, die Dauer hängt von der Dicke des Stückes ab. Dann aus dem Salz nehmen und abwischen.
- An einer Schnur aufhängen.
- Die Fischer von Ouessant hingen den Fisch an der Südseite, der dem Wind ausgesetzten Seite, ihrer Häuser auf.
- Wenn der Fisch durchgetrocknet ist, kann man ihn an einem luftigen Ort lagern.
- Zum Verzehr wird der Meeraal über Nacht unter fließendem Wasser entsalzt.
- Danach legt man den Fisch mit den gut gewaschenen, aber ungeschälten Kartoffeln in einen Kochtopf.
- Die Schalotten, die Perlzwiebeln und das Kräutersträußchen zufügen.
- Mit Wasser bedecken und 20 Minuten kochen lassen.
- Eine Vinaigrette zubereiten und dazu den Meeraal mit den Kartoffeln servieren.
- Der eingesalzene Meeraal kann auf dieselbe Art wie der Stockfisch zubereitet werden.

Stockfisch mit Kartoffelbrei

Für 6 Personen :
500 g gesalzener Stockfisch,
1 l Milch,
500 g Kartoffeln,
100 g Butter,
1 Kräutersträußchen,
1 Zwiebel,
Salz,
frisch gemahlener Pfeffer.

- Den Stockfisch 18 bis 24 Stunden wässern und dadurch entsalzen.
- Das Wasser möglichst alle 6 Stunden wechseln.
- Die Kartoffeln schälen, waschen und in einen Topf mit leicht gesalzenem Wasser geben. 20 Minuten offen garkochen.
- Inzwischen den Stockfisch in einen Topf legen.
- Mit Milch bedecken und das Kräutersträußchen dazugeben, ebenso die Zwiebel und ein paar Pfefferkörner.
- Langsam erhitzen, bis die Flüssigkeit zu simmern beginnt.
- Dann sofort vom Herd nehmen. 15 Minuten ziehen lassen.
- Die Kartoffeln abgießen und durch die Kartoffelpresse drücken.
- Den so erhaltenen Brei gut durcharbeiten und mit 100g Butter gründlich vermischen.
- Den Brei mit dem Milchkochsud des Stockfischs etwas verdünnen.
- Wenn das Püree die richtige Konsistenz hat, abschmecken (Vorsicht : der Stockfisch ist gesalzen !).
- Den Stockfisch mit der Gabel zerpflücken und unter den Kartoffelbrei rühren.
- In eine tiefe, ofenfeste Schüssel füllen und ein paar Minuten im Ofen überbacken.

STOCKFISCHZUNGEN MIT WEIßEN BOHNEN

FÜR 6 PERSONEN :
600 G EINGESALZENE STOCKFISCHZUNGEN,
1 L MILCH,
2 KG FRISCHE WEIßE BOHNEN (NOCH IN DER HÜLSE),
200 G BUTTER,
25 PERLZWIEBELN,
1 ZWEIG STAUDENSELLERIE,
100 G BUTTER,
5 KAROTTEN,
2 KNOBLAUCHZEHEN,
1 KRÄUTERSTRÄUßCHEN,
SALZ,
FRISCH GEMAHLENER PFEFFER.

- Die Stockfischzungen 18 bis 24 Stunden (oder länger, wenn nötig) wässern und dadurch entsalzen.
- Das Wasser möglichst alle 6 Stunden wechseln.
- Karotten schälen und in Scheiben schneiden.
- Die Perlzwiebeln abziehen.
- Die Bohnen enthülsen. Die Knoblauchzehen abziehen und hacken.
- Die Bohnen mit der Milch, den Karotten, den Perlzwiebeln, dem Knoblauch, dem Selleriezweig und dem Kräutersträußchen in einen gußeisernen Kochtopf geben.
- Zum Kochen bringen und bei geringer Hitze 20 Minuten köcheln lassen.
- Die Stockfischzungen gut abtropfen lassen. In etwas Öl anbraten.
- In eine Auflaufform schichten.
- 100 g Butter zu den Bohnen geben und gut umrühren, damit die Bohnen von der Butter überzogen werden.
- Das Kräutersträußchen und den Selleriezweig entfernen.
- Die Bohnen auf den Stockfischzungen verteilen.
- 30 Minuten bei 220° im Ofen backen.

Thunfisch-Wähe

Für 6 Personen :
500 g frischen Thunfisch,
300g Brustspeck,
1 kg Kartoffeln,
100 g Butter,
1 Bund Petersilie,
1 Bund Schnittlauch,
Salz,
frisch gemahlener Pfeffer.
Foto auf gegenüberliegender Seite

- Die Kartoffeln schälen und waschen.
- Den Thunfisch von allen Hautresten und Gräten befreien.
- Die Schwarte und eventuelle Knochenreste vom Brustspeck entfernen.
- Den Schnittlauch kleinschneiden. Die Petersilie grob hacken.
- Den Thunfisch mit dem Speck durch den Fleischwolf drehen.
- Wenn man etwas Übung und Erfahrung besitzt, kann man dies auch mit einem Messer tun.
- Diese Farce gut mit dem Schnittlauch und der Petersilie vermischen.
- Salzen und pfeffern.
- Die Kartoffeln mit einem Küchenhandtuch gut abtrocknen und in 4 mm dicke Scheiben schneiden. Eine Wähenform mit Butter ausstreichen.
- Die Kartoffeln auf dem Boden der Form eng nebeneinander einschichten.
- Darauf die Farce geben. Mit Hilfe eines mit Wasser benetzten Löffels die Oberfläche glätten. Eine neue Schicht Kartoffeln auf die Farce legen, sie soll von den Kartoffeln völlig bedeckt sein.
- Die Kartoffeln mit Butter bestreichen, damit sie während des Backvorgangs nicht austrocknen.
- Mit Alufolie oder einem Deckel abdecken. 40 Minuten bei ungefähr 200° im Ofen backen. Die Alufolie oder den Deckel entfernen.
- Noch 20 Minuten offen weiterbacken.

Hecht mit "Weißer Butter"

1 Hecht von 1,5 bis 2 kg,
3 l Fischsud,
6 graue Schalotten,
1/2 Glas Apfelweinessig,
1/2 Glas Muscadet,
500 g leicht gesalzene Butter,
Salz, Pfeffer.

- Die Schalotten sehr fein hacken. In einen Bräter mit schwerem Boden geben und den Essig und den Wein zugießen.
- Zum Kochen bringen und die Flüssigkeit bei milder Hitze völlig einkochen, so daß die Schalotten schön weich sind.
- Während des Einkochvorgangs den Fischsud in einem Fischkochtopf zum Kochen bringen.
- Dann den Hecht in den kochenden Sud einlegen, vom Herd nehmen und 15 Minuten lang pochieren lassen.
- Den Bräter mit den Schalotten wieder langsam erhitzen und 1 EL Fischsud hineingeben.
- Danach die nußgroßen Butterstückchen unterziehen, dabei zwischendurch immer kräftig umrühren.
- Es ist wichtig, daß bei der Herstellung dieser "weißen Butter" nicht zu sehr erhitzt wird, damit sie nicht ölig wird, sondern eine schöne, cremige Konsistenz erhält.
- Das Geheimnis für das Gelingen dieser Soße liegt in der richtigen
- Dosierung der Hitzezufuhr : ist diese zu stark, wird die Soße ölig, ist sie zu gering, läßt sich die Soße nicht aufschlagen.
- Den Hecht entgrätet und heiß servieren.
- Nach Belieben mit der Soße überziehen.

Anmerkung : Wenn Ihre "Weiße Butter" unglücklicherweise ölig geworden ist, 2 gute EL Fischsud hineingeben und in den Mixer gießen. Vorsicht vor Spritzern !
Diese Methode ist zwar nicht traditionsgemäß, dafür aber wirkungsvoll.

Knurrhahn nach Guilvinec-Art

- Den Fisch gründlich schuppen.
- Den Kopf mit einem scharfen Messer abtrennen.
- Die Flossen mit einer Schere abschneiden.
- Die Knurrhähne so zerlegen, daß man insgesamt 8 Teile erhält.
- Die Schalotten und Zwiebeln abziehen und hacken.
- Dieses Schalotten-Zwiebel-Mus mit 2 ungeschälten Knoblauchzehen in Butter andünsten. Wenn alles gut durchgedünstet ist, 1 EL Mehl zufügen und dieses leicht goldgelb einbrennen lassen.
- Mit dem Wein ablöschen, mit einem Holzlöffel gut umrühren und das Kräutersträußchen dazugeben.
- Abschmecken und bei geringer Hitze 1/2 Stunde lang köcheln lassen.
- Die 8 Fischstücke hineinlegen und noch weitere 10 Minuten köcheln lassen.

Für 4 Personen :
4 Knurrhähne von je 350 g (ausgenommen und ohne Kopf),
8 Schalotten,
2 Knoblauchzehen (ungeschält),
2 große Zwiebeln,
1 Flasche Rotwein,
1 EL Mehl,
150 g Butter,
1 Kräutersträußchen,
Salz, Pfeffer.
Foto auf gegenüberliegender Seite

Eingesalzene Sardinen

- Kaufen Sie ganz frische Sardinen, die Haut muß glänzen und das Fleisch fest sein.
- Die Sardinen äußerst sorgfältig schuppen.
- Die Köpfe abtrennen und die Fische ausnehmen.
- Sorgfältig mit Küchenkrepp säubern.
- In eine flache Glasschüssel legen.
- Mit grobem "Guérande"-Salz und mit Pfeffer würzen.
- Die Sardinen mit Haushaltsfolie abdecken und an einem kühlen Ort oder im Gemüsefach des Kühlschranks ruhen lassen.
- Am nächsten Morgen mit Küchenkrepp gut abwischen.
- Die Sardinen mit geröstetem Roggenbrot und leicht gesalzener Butter servieren.

Für 4 Personen :
24 ziemlich kleine Sardinen,
grobes Meersalz
(wenn möglich aus Guérande),
frisch gemahlener Pfeffer.
Foto Seite 40

Bachforellen im Kräuterbett

- Die Forellen säubern, ausnehmen, unter wenig fließendem Wasser abspülen und mit Küchenkrepp behutsam abtupfen.
- Die Kräuter unter fließendem Wasser abspülen, um alle Unreinheiten zu entfernen.
- In einem Sieb abtropfen lassen und trockenschleudern.
- Die Forellen innen salzen und pfeffern.
- Den Boden eines ziemlich großen Kochtopfs mit den Kräutern auslegen.
- 1 Glas Wasser darübergießen.
- Zum Kochen bringen.
- Einen Rost oder ein Gitter über die Kräuter legen.
- Die 4 Forellen darauflegen.
- Nochmals 8 Minuten kochen lassen.
- Die Forellen heiß mit zerlassener Butter oder mit einer "Weißen Butter" servieren.

4 schöne, große Bachforellen
(und zwar die echten, mit dem typischen roten Fleck auf der Fettflosse),
1 am Flußufer gesammeltes Kräutersträußchen
(wilder Fenchel, Minze usw.),
Salz, Pfeffer.
Foto Seite 41

Saint Caster Fischtopf

Dieses Rezept ist typisch für die Gastronomie in den Fischerhäfen. Man kann die Fischsorten je nach Fang bis ins Unendliche variieren.

Für 6 Personen :
1,5 kg Fische mit festem Fleisch (Meeraal, Knurrhahn, Barsch),
1,5 kg Kartoffeln,
2 große Zwiebeln,
3 Schalotten,
1 dl Weißwein,
100 g Butter,
1 Kräutersträußchen,
Salz,
frisch gemahlener Pfeffer.
Foto auf gegenüberliegender Seite

- Kartoffeln schälen und waschen.
- Abtrocknen und in hauchdünne Scheiben schneiden.
- Zwiebeln abziehen und in dünne Scheiben schneiden.
- Schalotten abziehen und kleinschneiden.
- Die Fischfilets von Ihrem Fischhändler abheben lassen.
- Es ist aber ebenfalls möglich, die Fische in Stücke zu schneiden und auf diese Weise zuzubereiten.
- Eine große Ton- oder Porzellanform dick mit Butter ausstreichen, eine Schicht Kartoffelscheiben und eine Schicht Zwiebel-und Schalottenstücke hineingeben. Darauf kommen dann die Fischfilets oder die Fischstücke, je nach Belieben.
- Mit Salz und frisch gemahlenem Pfeffer würzen.
- Dann wieder mit einer Schicht Zwiebel-und Schalottenstücken bedecken.
- Die restlichen Kartoffelscheiben darüber verteilen und das Kräutersträußchen darauflegen.
- Man kann beliebig viele Schichten machen, aber die Kartoffeln sollten den Abschluß bilden.
- Mit Weißwein und etwas Wasser begießen, bis die Kartoffeln ungefähr 1 cm hoch damit bedeckt sind.
- Zugedeckt 2 Stunden bei 200° im Ofen garen.

Tintenfisch mit Tomaten

1 kg Tintenfisch-Weißteile (in der Gegend um Vannes "morgate" genannt),
8 Tomaten,
2 mittelgroße Zwiebeln,
2 Schalotten,
1 Knoblauchknolle,
100 g Butter,
2 EL Apfelschnaps,
1 dl Muscadet,
Salz,
frisch gemahlener Pfeffer,
1 Stück Würfelzucker.

- Die Weißteile der Tintenfische gut säubern und das dünne Häutchen abziehen.
- Falls Sie den ganzen Tintenfisch vor sich haben, müssen der Tintenbeutel, die dunkle Haut, die knorpeligen Stacheln, die sich im Mantel befinden, der Hornschnabel und die Saugnäpfe der Arme entfernt werden.
- Die Weißteile in zentimeterbreite Streifen schneiden.
- Die Arme ebenfalls kleinschneiden.
- Die Tomaten enthäuten und entkernen. Die Zwiebeln und Schalotten abziehen und in dünne Scheiben schneiden.
- Die Knoblauchzehen abziehen und zerdrücken.
- Die Butter in einem gußeisernen Topf schmelzen und die kleingeschnittenen Zwiebeln und Schalotten darin andünsten.
- Wenn die Stückchen schön weich und goldgelb sind, werden die Tintenfischstreifen zugefügt und ungefähr 5 Minuten lang mitgedünstet.
- Mit dem Apfelschnaps flambieren.
- Mit Muscadet ablöschen.
- Die enthäuteten, entkernten und in große Stücke geschnittenen Tomaten und den Knoblauch in den Topf geben.
- Mit Salz, Pfeffer und dem Würfelzucker würzen.
- Zugedeckt 30 Minuten lang bei geringer Hitze köcheln lassen.
- Die Soße soll die Tintenfischstreifen überziehen.
- Gegebenenfalls nachwürzen und heiß servieren.

Seeteufel-Eintopf

Für 6 Personen :
2 Seeteufel von je 1 kg,
1 kg Muscheln,
1 kg Kartoffeln,
100 g Butter,
1 Kräutersträußchen (Lorbeerblatt, Petersilie),
3 Schalotten,
1 dl Muscadet,
2 dl crème fraîche,
Salz,
frisch gemahlener Pfeffer,

- Lassen Sie die Seeteufel von Ihrem Fischhändler ausnehmen.
- Filets abheben und in Stücke von 50 g zerlegen.
- Die Kartoffeln schälen und waschen.
- In recht dünne Scheiben schneiden.
- Die Schalotten abziehen und kleinschneiden.
- Die Muscheln gut abbürsten, waschen und in einem Sieb abtropfen lassen.
- Den Muscadet in einen Topf gießen und die Schalotten und das Kräutersträußchen hineingeben.
- Die Muscheln zufügen und solange erhitzen, bis alle geöffnet sind.
- Das Muschelfleisch aus den Schalen lösen und den Kochsud in einen anderen Topf umgießen.
- Die Kartoffeln und die crème fraîche hineingeben.
- 10 Minuten kochen.
- Die Seeteufelstücke würzen und kurz auf allen Seiten anbraten.
- Eine Tonform mit einer Schicht Kartoffelscheiben auslegen (mit einem Schaumlöffel geht dies leichter). Darauf die Fischstücke verteilen und mit den restlichen Kartoffelscheiben abdecken.
- Mit etwas Kartoffelkochwasser übergießen.
- 15 Minuten im Ofen überbacken.

Barschragout mit frischen Erbsen

Für 4 Personen :
2 Barsch von je 750 g,
1,500 kg frische grüne Erbsen,
20 Perzwiebeln,
10 kleine Junge Karotten,
1 Kopfsalatherz,
200 g Butter,
1 Bund Bohnenkraut,
Salz,
frisch gemahlener Pfeffer..
Foto auf gegenüberliegender Seite

- Die beiden Fische sorgfältig schuppen und ausnehmen.
- In Stücke schneiden.
- Die Erbsen entschoten.
- Die Perlzwiebeln abziehen.
- Die Jungen Karotten abschaben und in Scheiben schneiden.
- Das Salatherz gründlich säubern und vierteln.
- 3 dl Wasser in einem Topf aufsetzen. Die Erbsen, die Jungen Karotten, die Perlzwiebeln, das Salatherz, das Bohnenkraut und die Butter hineingeben. Salzen und pfeffern.
- Zudecken und zum Kochen bringen.
- Sobald der Sud aufwallt, die Hitze reduzieren und 20 Minuten köcheln lassen.
- Die Fischstücke salzen und pfeffern.
- In den Topf zu den Erbsen geben.
- Nochmals 20 Minuten leicht köcheln lassen und servieren.

WURSTWAREN

TRADITIONELLE KUTTEL- ODER DARMWURST

750 G SCHWEINEDARM,
750 G DICKDARM,
500 G SCHWEINEMAGEN,
SALZ, PFEFFER UND VIERERGEWÜRZ (GEMAHLENE PFEFFERKÖRNER, MUSKAT, NELKEN UND ZIMT ODER INGWER).

- Die angegebenen Innereien 1 Nacht lang kalt wässern.
- Das Wasser mehrmals wechseln.
- Dann die Innereien gut abschaben, überbrühen und die Häute entfernen.
- In dicke Streifen schneiden.
- In eine Terrine schichten und mit Salz, Pfeffer und dem Vierergewürz bestreuen.
- 24 Stunden durchziehen lassen.
- Aus 8 oder 10 Darm- bzw. Kuttelstreifen - je nach Dicke - ein Paket formen und dieses an beiden Enden zusammenbinden.
- 8 Tage lang einsalzen.
- Danach in einem großen Kamin aufhängen, in welchem ein kleines Feuer aus Obstbaumholz (vorzugsweise vom Apfelbaum) unterhalten wird.
- Wenn die Würste geräuchert sind, an einem kühlen, trockenen Ort aufhängen.
- Vor dem Verzehr 2 Stunden lang kochen, wobei dem Wasser eine gute Handvoll Heu zugefügt werden sollte.
- Nicht vergessen, die Würste vor dem Kochen kräftig abzubürsten, denn sie sind durch den Aufenthalt im Kamin angeschwärzt.

In Guémené schiebt man die Därme übereinander.

WEIßWURST

50 G MAGERES SCHWEINEFLEISCH,
800 G FRISCHEN BAUCHSPECK,
100 G BUTTER,
4 GESCHLAGENE EIER,
3 ZWIEBELN,
500 G MILCH,
1 NELKE,
SALZ, PFEFFER, VIERERGEWÜRZ,
DÄRME.
GARZEIT : 3/4 STUNDE
Foto auf gegenüberliegender Seite

- Die Milch mit den Zwiebeln und der Nelke 10 Minuten kochen lassen.
- Das magere Schweinefleisch und den Speck kleinhacken.
- Die 4 geschlagenen Eier zufügen und würzen. Gründlich vermischen.
- Nach und nach die Milch zugießen.
- In den schönen Darm einfüllen und alle 20 cm einen Knoten machen.
- In sehr heißem aber nicht kochendem Wasser eine 3/4 Stunde garen lassen.
- Nach diesem Garziehen abkühlen lassen, mit einer Nadel einstechen und einzeln in gebuttertes Backtrennpapier wickeln - man kann 2-3 Apfelviertel mit hineingeben - und langsam übergrillen.

BLUTWURST MIT EßKASTANIEN

2? L BLUT,
1 L CRÈME FRAÎCHE,
500 G FRISCHER FETTER SPECK,
600 G EßKASTANIEN,
500G ZWIEBELN,
60 G PFEFFER,
100 G SALZ,
1 KLEINES GLAS APFELSCHNAPS,
DÄRME.

- Die Eßkastanien schälen, in Wasser weichkochen und grob zerkleinern.
- Die in dünne Scheiben geschnittenen Zwiebeln mit dem in Stückchen geschnittenen Speck andünsten.
- Dann durch den Fleischwolf drehen.
- Das Blut mit der crème fraîche, dem Zwiebel-und Speckgemisch, den Eßkastanien, dem Apfelschnaps und den Gewürzen vermischen.
- Die Mischung in die Därme füllen.
- Alle 20 cm einen Knoten machen, ohne dabei die Füllung zusammenzudrücken.
- Wie im vorhergehenden Rezept garziehen lassen.
- 10 Minuten mit ein paar Äpfeln übergrillen.

LUFTGETROCKNETE BLUTWURST

2 L SCHWEINEBLUT,
1 SCHWEINSKOPF OHNE ZUNGE,
1 KG ZWIEBELN,
1 KNOBLAUCHKNOLLE,
3 L FLEISCHBRÜHE VOM POT-AU-FEU,
2 LAUCHSTANGEN,
2 KAROTTEN,
2 ZWEIGE STAUDENSELLERIE,
1 KRÄUTERSTRÄUßCHEN,
SALZ, PFEFFER, VIERERGEWÜRZ,
DÄRME.
Foto unten

• Mit allen Gemüsesorten in einem großen Topf eine kräftige Gemüsebrühe zubereiten. Den Schweinskopf hineingeben und 3 Stunden lang simmern lassen.
• Währenddessen die kleingeschnittenen Zwiebeln und den gehackten Knoblauch andünsten. Den Schweinskopf am Ende der Garzeit aus dem Topf nehmen.
• Abtropfen lassen und das Fleisch ablösen.
• Das abgelöste Fleisch und das gedünstete Zwiebel-Knoblauch-Gemisch durch den Fleischwolf drehen.
• Das Blut mit dieser Farce vermischen und die Gewürze dazugeben. Mit einem speziellen Blutwurst-Trichter die Därme mit der Masse füllen und alle 20 cm einen Knoten machen.
• 1 Stunde bei 90° in der Gemüsebrühe garziehen lassen.
• In der Brühe erkalten lassen und dann auf ein Küchenhandtuch legen.
• Sobald die Würste trocken sind, an einem trockenen Ort aufhängen.

KRÄUTER-BLUTWURST

Nach diesem Rezept wurden die Blutwürste in der Gegend von Lorient hergestellt.

- Den Sauerampfer überbrühen, abschrecken und abtropfen lassen.
- Die kleingeschnittenen Zwiebeln bei kleiner Hitze andünsten und den Sauerampfer zufügen.
- Die Schweinebrust mit den Zwiebeln und dem Sauerampfer durch den Fleischwolf drehen.
- Das Blut mit diesem Gemisch und den Gewürzen vermischen.
- Die Masse mit einem speziellen Blutwurst-Trichter in die Därme füllen, dabei alle 20 cm einen Knoten machen.
- 1 Stunde in 90° heißem Wasser ziehen lassen.
- Die Würste in der Brühe erkalten lassen und dann auf ein Küchenhandtuch legen.
- Sobald sie trocken sind, an einem trockenen Ort aufhängen.
- Diese Kräuterblutwürste können wie normale Blutwürste, gegrillt oder in der Pfanne gebraten und mit ein paar Äpfeln oder Kartoffeln als Beilage serviert werden.

2 L SCHWEINEBLUT,
500 G SCHWEINEBRUST,
500 G ZWIEBELN,
500 G WILDER SAUERAMPFER (WÄCHST AM MEERESUFER). FALLS MAN KEINEN WILDEN SAUERAMPFER ZUR HAND HAT, KANN MAN AUCH DIE GRÜNEN BLÄTTER VON ROTER BEETE NEHMEN.
SALZ, PFEFFER,
DÄRME.

SÜßE BLUTWURST

Ein Leckerbissen für Kinder auf manchen Bauernhöfen, wo die Würste am "Heiligen Schweinefest" hergestellt wurden.

- Das Blut mit dem Mehl, dem Zucker und den Rosinen mischen. Würzen.
- Die Masse mit einem speziellen Blutwurst-Trichter in die Därme füllen und diese alle 20 cm knoten.
- 1 Stunde in 90° heißem Wasser garziehen lassen.
- In der Brühe erkalten lassen und dann auf ein Küchenhandtuch legen.
- Sobald die Würste trocken sind, an einem trockenen Ort aufhängen.
- Die Blutwürste sollten lauwarm verzehrt werden.

1 L SCHWEINEBLUT,
150 G MEHL,
200 G ZUCKER,
200 G ROSINEN,
SALZ, PFEFFER,
DÄRME.

BLUTWURST-SUPPE

Diese Suppe serviert man im allgemeinen nach der Herstellung der Blutwürste.

- Je nach Geschmack verschiedene Gemüsesorten mitkochen.
- Dicke Roggenbrotscheiben auf den Boden einer Suppenschüssel legen und die Brühe darübergießen.
- Man kann die Suppe mit zerplatzten Blutwürsten anreichern.

BAUERN TERRINE

- Alle Fleischsorten mit den Zwiebeln, der Petersilie und dem Knoblauch durch den Fleischwolf drehen.
- Die Farce mit der Milch, den Eiern und den Gewürzen vermischen.
- In eine Terrine füllen und mit dem Schweinsnetz bedecken.
- Wie oben beschrieben im Ofen garen.
- Garzeit : 2 1/2 Stunden (zu Beginn 5 bis 10 Minuten bei 220° - dann 90 Minuten bei 120°)
- Abkühlen lassen und für 12 Stunden in den Kühlschrank stellen.
- In der Terrine servieren und Bauernbrot und Essiggurken dazu reichen.

FÜR EINE GROßE TERRINE ODER KASTENFORM
500 G SCHWEINELEBER, 200 G FETTEN SCHWEINESPECK,
1 KG SCHWEINEHALS, 200 G SCHWEINEHERZ,
200 G SCHWEINENACKEN, 2 EIER,
3 MITTELGROßE ZWIEBELN, 1 KNOBLAUCHZEHE
250 G MILCH,GEHACKTE PETERSILIE, 1 SCHWEINSNETZ.
WÜRZZUTATEN FÜR 1 KG FARCE :
18 G SALZ, 5 G PFEFFER.

EINGEKOCHTES GÄNSEFLEISCH

1 SCHÖNE, FETTE GANS
1 KG MAGERES SCHWEINEFLEISCH
500 G FRISCHES NIERENFETT
1/2 L WASSER
1 GLAS MUSCADET
WÜRZZUTATEN JE KILO :
15 G SALZ, 5 G PFEFFER
GARZEIT : 2 1/2 STUNDEN

- Die Gans entbeinen und das Gänsefleisch in kleine Stücke schneiden.
- Das Schweinefleisch und das Nierenfett ebenfalls zerkleinern.
- In einem Topf mit dickem Boden das Wasser zum Kochen bringen.
- Die Fleischstücke hineingeben.
- Zugedeckt bei schwacher Hitze 6 Stunden köcheln lassen.
- Des öfteren mit einem Holzlöffel umrühren, damit nichts am Topfboden ansetzen kann.
- Die Fleischstücke müssen so weich werden, daß man sie mühelos zerdrücken kann.
- Jetzt kann der Weißwein zugegossen werden.
- Den Topf vom Herd nehmen.
- Durchrühren und großzügig zerkleinern und gegebenenfalls nachwürzen.
- 5 weitere Minuten unter ständigem Rühren erhitzen.
- Noch heiß in Steinguttöpfchen füllen.
- Erkalten lassen, dann in den Kühlschrank stellen.
- Auf diese Weise hält sich das eingekochte Gänsefleisch mehrere Monate lang.

SCHWEINSKOPF-TERRINE

1/2 SCHWEINSKOPF
1 SCHWEINSZUNGE
2 L BRÜHE
1 KRÄUTERSTRÄUßCHEN
4 SCHALOTTEN
2 DL WEIßWEIN
1 DL ESSIG
GROBES UNGEBLEICHTES MEERSALZ
PFEFFERKÖRNER
GEHACKTE PETERSILIE
GARZEIT : 2 STUNDEN

- Den Schweinskopf mit der Zunge und dem Kräutersträußchen in der Brühe zum Kochen bringen. Der Kopf sollte von der Brühe gerade bedeckt sein.
- 2 Stunden lang simmern lassen.
- Das Fleisch herausnehmen, alle kleinen und größeren Knochen entfernen, die Haut von der Zunge abziehen und das Fleisch in zentimetergroße Stücke schneiden.
- Von der Brühe einen halben Liter abschöpfen und mit den vier feingehackten Schalotten, der gehackten Petersilie und dem Essig vermischen.
- Die Fleischwürfel dazugeben, wenn nötig, noch etwas Brühe zugießen.
- In eine Schüssel oder Terrinenform füllen und mit Haushaltsfolie bedecken.
- 24 Stunden kühl stellen.
- Kalt servieren und grünen Salat oder Kräutermayonnaise mit gekochtem Eigelb (sauce gribiche) dazu reichen.

WURSTBRÄT

3 KG SCHWEINESCHULTER, 1 KG SCHWEINEBRUST
WÜRZZUTATEN FÜR 1 KG BRÄT :
15 G SALZ, 5 G FRISCH GEMAHLENER PFEFFER

- Das Fleisch grob hacken und mit den Gewürzen vermischen.

WÜRSTCHEN IN MUSCADET

1 KG WURSTBRÄT
4 DL MUSCADET
500 G ZWIEBELN
100 G BUTTER

- Wurstbrät mit 2 dl Muscadet vermengen und aus der Masse kleine Würstchen formen. In Butter ringsum anbraten.
- Wenn die Würstchen goldbraun sind, aus der Pfanne nehmen und momentan beiseite legen.
- Nun die in dünne Scheiben geschnittene Zwiebel im Bratfett andünsten. Mit 1 dl Muscadet ablöschen und die Zwiebeln darin weichdünsten.
- Dann die Würstchen dazugeben und eine Stunde bei geringer Hitze langsam durchschmoren.
- Gegebenenfalls nachwürzen und servieren.

NANTAISER SPECK

• Die Speckschwarten 2 Stunden in Salzwasser kochen und dann im Kochsud abkühlen lassen.
• Den Boden einer flachen, dickwandigen Tonform mit den Speckschwarten auslegen. Die Schweinekoteletts flach darauf verteilen und die in Stücke geschnittenen Innereien dazwischen legen. Kräftig salzen und pfeffern. Alles mit dem Kochsud der Schwarten bedekken und im heißen Ofen 1 1/2 Stunden garen.
• Heiß servieren.
• Das Gericht schmeckt aufgewärmt fast noch besser.

4 SCHWEINEKOTELETTS VON JE 250 G,
200 G SPECKSCHWARTEN,
100 G SCHWEINEHERZ,
100 G SCHWEINEMILZ,
100 G SCHWEINELEBER,
100 G LUNGE,
SALZ, PFEFFER.

GESALZENES SCHWEINESCHMALZ

• Alle Zutaten durch den Fleischwolf drehen.
• Salzen und pfeffern.
• Die Masse langsam bei ganz geringer Hitze schmelzen lassen.
• Von Zeit zu Zeit umrühren, damit nichts ansetzt.
• Man muß mit etwa 12 Stunden rechnen, bis sich alles vollständig aufgelöst hat und das Schmalz schön klar und flüssig ist.
• Durchsieben und in Steinguttöpfchen gießen.
• Mit Papier abdecken und an einem kühlen Ort aufbewahren.

11 KG SCHWEINENIERENFETT,
500 G FRISCHER FETTER SPECK (ZWISCHEN SCHWARTE UND FLEISCH),
250 G ZWIEBELN, 150 G SCHALOTTEN,
3 KNOBLAUCHZEHEN,
75 G SALZ, 15 G PFEFFER,
4 PETERSILIENZWEIGE,
2 THYMIANZWEIGE.

FLEISCH

BRETONISCHES HÄHNCHEN-RAGOUT

FÜR 6 PERSONEN :
1 SCHÖNES, GROẞES HÄHNCHEN
3 KALBSSCHWÄNZE
1 KAROTTE
1 ZWIEBEL
1 KLEINE LAUCHSTANGE
1 ZWEIG STAUDENSELLERIE
20 PERLZWIEBELN
300 G ZUCHTCHAMPIGNONS
100 G BUTTER
60 G MEHL
3 DL CRÈME FRAÎCHE
3 EIGELB
1 KRÄUTERSTRÄUẞCHEN

- Die Kalbsschwänze und das Hühnchen in 6 bis 8 Teile zerlegen.
- Die Fleischstücke nebeneinander in einen Bräter mit dickem Boden legen.
- Mit frischem, kalten Wasser bedecken und die Karotte, die Zwiebel, das Kräutersträußchen, den Lauch und den Selleriezweig dazugeben.
- Würzen und zum Kochen bringen.
- 1 Stunde bei geringer Hitze köcheln lassen, dabei regelmäßig abschäumen.
- Währenddessen 100 g Butter in einem Topf zum Schmelzen bringen, dann 60 g Mehl einrühren.
- Einige Minuten unter Rühren anrösten lassen und diese Einbrenne mit 1 l Kochsud (vom Hähnchen und vom Kalbsschwanz) ablöschen.
- Gut verrühren und ganz langsam erhitzen.
- Die mit der crème fraîche verrührten Eigelb in die vom Herd genommene Soße rühren.
- Nochmals kurz erhitzen aber nicht mehr kochen lassen.
- Die Hähnchen- und Kalbsschwanzstücke in die Soße legen.
- Die in etwas Kochsud weichgegarten Champignons und Perlzwiebeln dazugeben.
- Gegebenenfalls nachwürzen.
- In einer hübschen Gemüseschüssel servieren.

HASENPFEFFER AUF KERMENEZ-ART

1 HASE VON UNGEFÄHR 3 KG
250 G SPECK
3 EL MEHL
2 FLASCHEN ROTWEIN
25 PERLZWIEBELN
300 G KLEINE ZUCHTCHAMPIGNONS
1 KRÄUTERSTRÄUẞCHEN
3 KNOBLAUCHZEHEN
1 DL SCHNAPS

- Den Hasen abbalgen.
- Die Leber beiseite legen und das Blut auffangen.
- Den Hasen zerlegen und die Stücke in einer größeren Pfanne in Butter stark anbraten.
- Dann die Stücke in einen Bräter legen.
- Den Speck auf die Größe von Dominowürfeln schneiden und in der Pfanne im Bratfett der Hasenstücke anbraten.
- Wenn die Speckstücke leicht gebräunt sind, in den Bräter zum Hasen geben.
- Die Champignons und Perlzwiebeln anschmoren und auch in den Bräter geben.
- Über alle Zutaten im Topf 3 EL Mehl stäuben.
- Alles gut durchrühren und 10 Minuten in den Backofen stellen.
- Wieder herausnehmen und mit dem Inhalt der 2 Flaschen Rotwein ablöschen.
- Die 3 gehackten Knoblauchzehen und das Kräutersträußchen zufügen.
- Zum Kochen bringen.
- Zugedeckt bei kleiner Hitze 1 3/4 Stunden vor-sich-hin-köcheln lassen.
- Kurz vor dem Servieren die Stücke aus der Soße nehmen und in einen anderen Topf legen.
- Die Soße mit dem Blut und mit der zerstoßenen, mit dem Schnaps vermischten Leber binden.
- Die Soße muß nun so erhitzt werden, daß sie bindet, ohne jedoch zu kochen.
- Die Soße über die Stücke durch ein großgelöchertes Sieb passieren.
- Noch einmal abschmecken und ein paar Minuten bei kleiner Hitze simmern lassen.
- In einer tiefen Servierschüssel anrichten und heiß auf den Tisch stellen.
- Frische Nudeln bilden eine hervorragende Beilage zu diesem Gericht.

MASTENTE MIT WEIßEN RÜBCHEN

1 NANTAISER ENTE (JUNGENTE, GESTOCHEN UND AUSGEBLUTET),
50 G BUTTER,
15 PERLZWIEBELN,
15 KLEINE WEIßE RÜBCHEN,
1 SELLERIEKNOLLE,
2 GANZE, UNGESCHÄLTE KNOBLAUCHZEHEN,
1 DL WEIßWEIN,
3 DL GEFLÜGELBRÜHE,
1 STÜCK WÜRFELZUCKER.

- Die Ente fachgerecht abflämmen.
- Es sollte keine auch noch so kleine Feder oder Daune übrigbleiben.
- Die Ente ausnehmen und zusammenbinden.
- Die Rübchen schälen und korkenförmig zurechtschneiden.
- Mit dem Sellerie genauso verfahren.
- Die Perlzwiebeln abziehen.
- Die Ente in einem Bräter in Butter ringsum leicht anbraten, bis sie eine schöne goldbraune Farbe angenommen hat.
- Die Ente aus dem Bräter nehmen und in dem Bratfett die Perlzwiebeln andünsten.
- Die ungeschälten Knoblauchzehen, die Rübchen - und die "selleriekorken"" zufügen.
- Wenn das Gemüse eine goldgelbe Farbe angenommen hat, mit Weißwein ablöschen.
- Die Geflügelbrühe angießen, den Würfelzucker zugeben und die Flüssigkeit zum Kochen bringen.
- Die Ente wieder in den Bräter legen und 45 Minuten offen im Ofen schmoren.
- Man kann die Ente im Topf auf den Tisch stellen oder auf einer Servierplatte anrichten und mit dem Gemüse garnieren.

OCHSENRIPPE IM BACKOFEN

FÜR 4 PERSONEN :
1 SCHÖNE OCHSENRIPPE VON UNGEFÄHR 1,800 KG,
100 G BUTTER,
250 G BUCHWEIZENMEHL, 4 EIER,
100 G IN KLEINE STÜCKE GESCHNITTENES KNOCHENMARK,
1/2 L MILCH,
100 G ENTSTEINTE UND KLEINGEWÜRFELTE BACKPFLAUMEN,
SALZ, FRISCH GEMAHLENER PFEFFER.

- Mehl, Eier, Milch, Knochenmark und Backpflaumen mischen.
- Alles in eine Auflaufform geben.
- Die Ochsenrippe würzen und in der Butter scharf anbraten.
- Wenn sie eine goldbraune Farbe angenommen hat, wird sie auf einen Rost über die Auflaufform mit dem Teig gelegt.
- 30 Minuten im heißen Ofen backen, dabei das Fleisch regelmäßig mit der Bratbutter übergießen.
- Aus dem Ofen nehmen und vor dem Servieren 10 Minuten ruhen lassen.
- Das Fleisch mit dem vom heruntergetropften Bratensaft überzogenen Auflauf servieren.

WEIHNACHTS-TRUTHAHN AUS DER NIEDERBRETAGNE

FÜR 8 BIS 10 PERSONEN :
L TRUTHAHN VON 3,5 BIS 4 KG,
2 GEKOCHTE SCHWEINSFÜßE,
1 KG ÄPFEL AUS CARENTOIRE,
1 KLEINE SELLERIEKNOLLE,
1/2 L GEFLÜGELBRÜHE,
10 KNOBLAUCHZEHEN, 20 SCHALOTTEN,
BUTTER, SALZ, PFEFFER,
1 KLEINER BUND MAJORAN,
500 G FELDSALAT.

- Schweinsfüße enthäuten und Fleisch kleinwürfeln.
- Die Äpfel schälen, entkernen, in dicke Würfel schneiden und in der Pfanne anbraten.
- Die Sellerieknolle schälen, in kleine Würfel schneiden und in der Geflügelbrühe weichgaren.
- Die Fleischstückchen, die Äpfel, den Sellerie und den gerebelten Majoran gründlich miteinander vermischen. Abschmecken.
- Den Truthahn mit dieser Farce füllen und sorgfältig zunähen.
- Den Truthahn mit Butter bestreichen.
- In einen großen, ofenfesten Bräter legen und die 10 ungeschälten Knoblauchzehen und die 20 abgezogenen, ganzen Schalotten darum herum verteilen.
- Den Truthahn auf jeder Keule jeweils 1 Stunde, auf dem Rücken 1/2 Stunde im Ofen schmoren und alle 15 Minuten mit einem kleinen Glas Wasser begießen.
- Jedem Gast ein Stück Keule mit der Füllung und ein kleines Bruststück mit dem mit geriebenen Trüffelstückchen bestreuten Feldsalat servieren.

Lammkeule auf bretonische Art

• Die Bohnen über Nacht einweichen.
• Am nächsten Morgen die abgetropften Bohnen in einen Topf geben und reichlich (3 cm hoch) mit Wasser bedecken. Zum Kochen bringen, abschäumen.
• Die abgezogenen Perlzwiebeln, die in dünne Scheiben geschnittenen Karotten und Rüben und das Kräutersträußchen dazugeben.
• 1 1/2 Stunden leise garkochen lassen, noch nicht salzen.
• Inzwischen die Lammkeule würzen, gegebenenfalls mit Knoblauch spicken, reichlich mit Butter bestreichen und 45 Minuten im heißen Backofen schmoren.
• Regelmäßig mit etwas Wasser begießen.
• Wenn die Bohnen gar sind, abschmecken und in eine große, ofenfeste Tonform füllen.
• Die Lammkeule darauf anrichten, mit dem Bratensaft begießen und noch 20 Minuten im Ofen weiterschmoren.

Es ist ratsam, zum Kochen der Bohnen Quellwasser zu benutzen, da der Chlorzusatz im Trinkwasser die Bohnen während der Kochzeit hart werden läßt.

Für 8 Personen :
1 Lammkeule von 2,5 kg,
1 kg halbgetrocknete, enthülste weiße Bohnen,
200 g Karotten,
20 Perlzwiebeln,
100 g weiße Rüben,
100 g Butter,
1 Kräutersträußchen,
Salz, Pfeffer.

Schweinshaxe in Apfelwein

• Die gepökelten Schweinshaxen über Nacht in kaltem Wasser entsalzen.
• 2 Stunden lang mit der Zwiebel, der Karotte und dem Kräutersträußchen kochen.
• Die Kartoffeln schälen, die Zwiebeln und die Schalotten abziehen.
• Die Schweinshaxen in einen großen Bräter legen.
• Die Kartoffeln, die Schalotten, die Perlzwiebeln und den ungeschälten Knoblauch um die Haxen verteilen.
• Den Apfelwein und 1 l Kochsud von den Schweinshaxen dazugießen.
• Leicht salzen und pfeffern.
• 1 Stunde bei 200° im Ofen schmoren lassen.
• Dazwischen das Fleisch immer wieder mit dem Schmorsaft begießen.
• Die Garzeit der Kartoffeln überwachen.
• Abschmecken.
• Das Gericht noch dampfend im Topf servieren, der herrliche Geruch wird sich im ganzen Haus ausbreiten.

Für 4 Personen :
2 große, leicht gepökelte Schweinshaxen (aus der Keule), oder
4 kleine, leicht gepökelte Schweinshaxen (aus dem Bug),
1 große Zwiebel,
1 Karotte,
1 Kräutersträußchen,
1 kg kleine Kartoffeln,
20 g Schalotten,
200 g Perlzwiebeln,
2 Knoblauchzehen,
1 Flasche Apfelwein.

Wildkaninchen nach Jägerart

• Das Wildkaninchen vorbereiten. In Stücke hauen: 2 Keulen, 2 Vorderläufe, 2 Rückenstücke.
• Den Brustspeck in 6 Stücke schneiden und mit der zerdrückten Knoblauchzehe in Butter anbraten.
• Die geschälten Schalotten und das Salbeiblatt zugeben.
• Wenn der Speck schön goldgelb ist, die Wildkaninchenstücke zufügen.
• Ringsum im Bratfett anbraten, dabei aufpassen, daß das Fleisch nicht anbrennt.
• Wenn das Fleisch eine schöne goldbraune Farbe hat, die geschälten und geviertelten Äpfel zugeben. Mit einem kleinen Glas Apfelwein ablöschen. Abschmecken.
• Zugedeckt 10 Minuten in den Ofen stellen.
• Heiß servieren.

1 frisch erlegtes Wildkaninchen
4 Äpfel, vom Jäger während der Jagd aufgelesen
200 g Schweinebrustspeck
50 g Butter
1 kleines Glas Apfelwein
6 kleine Schalotten
1 Knoblauchzehe
1 Blättchen Salbei
Foto auf gegenüberliegender Seite

Hasenterrine von Saint-Vincent

1 schöner Stallhase von 2 kg,
800 g durchwachsener, nicht zu fetter Schweinebrustspeck.
1 dl Schnaps.
Für die Brühe :
1 Schweinsfuß,
1 Karotte,
1 Zwiebel,
2 Schalotten,
1 Knoblauchzehe,
5 dl Weißwein,
ein paar Pfefferkörner,
1 Kräutersträußchen.
Würzzutaten für 1 kg Farce :
18 g Salz,
5 g Pfeffer,
Foto auf gegenüberliegender Seite

- Das Hasenfleisch von den Knochen lösen, ohne diese zu zerbrechen.
- In 3 Teile einteilen :

- die Knochen mit dem Kopf
- die Filets aus dem Rücken und den Keulen
- das Fleisch der Läufe, das Restfleisch vom Rücken, der Keulen und die Innereien.

- Die Filetstücke aus dem Rücken und der Keulen in dicke Würfel schneiden.
- Aus 1 EL ÖL, 2 EL Schnaps, 1 Prise Thymian und etwas kleingeschnittenem Schnittlauch eine Marinade zubereiten und die gewürfelten Fleischstücke hineinlegen.
- Die Knochen und Sehnen des Hasen mit dem Schweinsfuß in einen Schmortopf geben.
- Knapp mit Wasser bedecken, salzen, zum Kochen bringen und abschäumen.
- Den Weißwein zufügen, ebenso das Gemüse, den Pfeffer und das Kräutersträußchen.
- 1 Stunde kochen lassen.
- Die Brühe durchseihen.
- Das auf dem Schweinsfuß und auf den Hasenknochen haftende Fleisch ablösen.
- Den Brustspeck, das Fleisch der Vorderläufe, die Reste vom Rücken, der Keulen, die Innereien, das Fleisch des Schweinsfußes und den Rest des auf den Hasenknochen haftenden Fleisches durch den Fleischwolf drehen.
- Die Masse gut vermischen und die marinierten Fleischstücke mit der Marinade und dem restlichen Schnaps zufügen.
- Ungefähr 3 dl Kochsud dazugießen.
- Die Farce darf keine allzu feste Konsistenz aufweisen. Würzen.
- Auf den Boden einer Terrinenform ein kleines Lorbeerblatt legen und die Form mit der Farce füllen. Zudecken.
- Die Terrine 1 1/4 Stunden bei 180° im Wasserbad garen (eine größere Form mit hohem Rand mit Wasser füllen und die Terrine hineinstellen).
- Nach Ende der Garzeit den Deckel abnehmen und mit 2 dl Kochsud begießen.
- Offen erkalten lassen.
- Die Terrine kann am folgenden Tag verzehrt werden.

Gallischer Kohleintopf

Für 8 Personen :
600 g gepökelter Speck,
6 Kochwürste,
1 kleine Räucherwurst,
3 Karotten,
1 Zwiebel,
3 Lauchstangen (nur die weißen Blätter),
2 kleine Wirsingköpfe,
10 mittelgroße Kartoffeln,
100 g Butter.

- Die geviertelten Kohlköpfe überbrühen, kalt abschrecken und abtropfen lassen.
- Die dicken Rippen und Strünke herausschneiden und nur das Grüne der Blätter zurückbehalten.
- In einem Topf die Butter zerlassen und die in Scheiben geschnittene Zwiebel, die weißen, in 4 cm lange Stücke geschnittenen Lauchblätter, die Kohlblätter und die in Scheiben geschnittenen Karotten darin andünsten.
- Den Speck zugeben und zugedeckt garen lassen, dabei aufpassen, daß nichts ansetzt. Gegebenenfalls etwas Wasser zugießen.
- Nach 45 Minuten Garzeit, die Räucherwurst und die Kochwürste zufügen.
- Abschmecken. (Aufgepaßt, der Speck ist gesalzen !)
- Noch 45 Minuten kochen lassen.
- Die Kartoffeln zugeben und weitere 30 Minuten kochen lassen. Heiß servieren.
- Der Kohl soll auf der Zunge zergehen, und es darf nicht viel Kochflüssigkeit übrigbleiben. So ist die Brühe kräftig und geschmackvoll, im Gegensatz zu vielen anderen Kohleintöpfen, die durch zuviel Kochflüssigkeit fad schmecken.

KALBSVÖGEL MIT PFIFFERLINGEN

6 Kalbschnitzel von je ungefähr 150 g,
300 g Wurstbrät,
50 g Brotkrume,
50 g Milch,
100 g Butter,
1 dl Portwein,
1 Schuß Kognac,
1 dl Rinderbrühe,
2 dl crème fraîche,
500 g Pfifferlinge,
1 kleiner Bund Schnittlauch,
1 Stiel Petersilie,
Salz, Pfeffer.
Foto auf gegenüberliegender Seite

- Die Brotkrume in Milch einweichen.
- Den Schnittlauch kleinschneiden.
- Die Petersilie hacken.
- Das aufgeweichte Brot unter das Wurstbrät mischen, ebenso den Schnittlauch, die Petersilie und den Schuß Kognac.
- Würzen.
- Die Schnitzel auf die Arbeitsfläche legen und gegebenenfalls leicht flachklopfen.
- Die Farce in 6 Teile teilen.
- Auf jedes Schnitzel einen Teil der Farce geben und diese flachstreichen.
- Schnitzel mit der Farce im Innern zusammenrollen.
- Das so gerollte Schnitzel ähnelt einem dicken Korken.
- Mit Küchengarn wie ein Paket verschnüren.
- Die Butter in einem ziemlich breiten Bräter zum Schäumen bringen und die Kalbsvögel darin anbraten.
- Wenn sie Farbe angenommen haben, mit dem Portwein ablöschen und die Rinderbrühe dazugießen.
- Zugedeckt 30 Minuten schmoren.
- Inzwischen die Pfifferlinge gründlich putzen und abspülen.
- In einem Sieb gut abtropfen lassen.
- Nach den 30 Minuten Schmorzeit die crème fraîche zu den Kalbsvögeln geben, wieder aufkochen lassen und dann die Pfifferlinge zufügen.
- Zugedeckt weitere 30 Minuten schmoren lassen. Erneut abschmecken.
- Auf einer Servierplatte anrichten.
- Falls die Soße etwas zu flüssig geraten sein sollte, einfach ein paar Minuten einkochen lassen.

POT-AU-FEU

Für 6 Personen :
1 kg Schälrippen,
500 g Rinderhaxe,
1 Stück Ochsenschwanz,
2 Markknochen,
6 Karotten,
1 kleines rundes Rübchen,
1 Zweig Staudensellerie,
1 Zwiebel,
1 Lorbeerblatt, 2 Nelken,
1 Kräutersträußchen (Petersilie, Thymian, Salbei, Schnittlauch),
2 Knoblauchzehen,
10 Pfefferkörner, Salz
Faden-oder kleine Suppennudeln

- 3 l Wasser in einem großen Topf zum Kochen bringen.
- Die Schälrippen, die Rinderhaxe und die Ochsenschwanzstücke hineinlegen.
- Die Zwiebel mit den Nelken spicken und in den Topf geben, ebenso das Kräutersträußchen, die Knoblauchzehen und die Pfefferkörner.
- Abschäumen (dadurch erhält man eine klare Brühe) und die Hitze überwachen.
- 1 1/2 bis 2 Stunden kochen lassen.
- Inzwischen das Gemüse putzen.
- Das Rübchen und den Selleriezweig vierteln. Die Karotten ganz lassen.
- Das Gemüse und die Markknochen in den Topf geben.
- Salzen und noch 1 Stunde kochen lassen.
- Nach Ende der Kochzeit Fleisch und Gemüse aus der Brühe nehmen.
- Die Brühe passieren.
- Die Fleischstücke zerteilen und mit den Markknochen und dem Gemüse auf einer Servierplatte anrichten.
- Warm halten.
- Die Brühe erhitzen und je nach Geschmack Faden-oder Suppennudeln hineingeben.
- Die Brühe sollte kochendheiß serviert werden.
- Die Fleischstücke und das Gemüse getrennt dazu reichen.
- Den Senf, eine Vinaigrette, Essiggurken und grobes Salz nicht vergessen.

LAMMSCHULTER-EINTOPF

1 KG LAMMSCHULTER (WENN MÖGLICH VON EINEM NAHE AM MEER AUFGEZOGENEN LAMM),
1 HAMMELFUẞ, 1 EL ÖL,
25 G SCHWEINESCHMALZ,
1 EL MEHL, 3 KARTOFFELN,
3 KAROTTEN, 1 LAUCHSTANGE,
1 WEIẞE RÜBE,
1/2 SELLERIEKNOLLE,
2 DL ROTWEIN,
2 DL WASSER ODER BRÜHE,
THYMIAN,
SALZ UND PFEFFER.

- Bitten sie Ihren Fleischer, daß er Ihnen die Lammschulter mundgerecht zuschneidet.
- Das Gemüse und die Kartoffeln säubern oder schälen und kleinwürfeln.
- Das Schweineschmalz mit dem Öl erhitzen.
- Die Lammstücke und den Hammelfuß hineingeben.
- Rundherum anbraten und dann mit Mehl bestäuben.
- Die Gemüse-und Kartoffelstücke mit dazu geben.
- Alles gut vermischen.
- Mit Wein, Wasser oder Brühe ablöschen.
- Salzen und pfeffern.
- Mit etwas Thymian verfeinern.
- Den Topf zudecken und 1 1/2 Stunden köcheln lassen.
- Heiß im Topf servieren.

FASANHENNE AUF WILDERER ART

1 FASANHENNE,
6 REINETTENÄPFEL AUS DER BRETAGNE,
2 SPÄTHERBSTBIRNEN (VORZUGSWEISE LOUISE-BONNE-BIRNEN),
3 KLEINE FRISCHKÄSE,
80 G BUTTER,
APFELSCHNAPS,
ZERSTOẞENER PFEFFER, SALZ.

- Die Fasanhenne rupfen, abflämmen und ausnehmen, falls dies nicht schon vom Jäger besorgt wurde.
- Äpfel schälen, entkernen und vierteln.
- Die Birnen schälen, entkernen und kleinwürfeln.
- Die Birnenwürfel, die kleinen Frischkäse, den zerstoßenen Pfeffer und 1 Prise Salz vermischen.
- Die Fasanhenne mit dieser Farce füllen und mit Küchengarn zusammenbinden.
- Einen Bräter ausbuttern und die Fasanhenne ebenfalls reichlich mit Butter bestreichen. In den Bräter legen.
- Bei 220° im Ofen 15 Minuten lang auf einer Keule braten.
- Begießen und 15 Minuten auf der anderen Keule braten (da die Butter nicht bräunen soll, gegebenenfalls ein paar Tropfen Wasser zufügen). Wieder begießen.
- Die Fasanhenne auf den Rücken drehen und die Apfelviertel darum herum verteilen. 20 Minuten weiterschmoren lassen.
- Dann die Fasanhenne aus dem Ofen nehmen und 10 Minuten ruhen lassen, die fleischigste Körperseite sollte dabei nach unten zeigen.
- Die Apfelviertel noch weitere 10 Minuten in den Ofen stellen und mit dem Schnaps begießen.
- Die Fasanhenne mit den geschmorten Äpfeln und etwas Füllung servieren.

Feldsalat bildet eine hervorragende Beilage zu diesem Gericht.

GEFLÜGELFRIKASSEE MIT APFELWEIN

FÜR 4 PERSONEN :
1 SCHÖNES GEFLÜGEL VOM BAUERNHOF VON UNGEFÄHR 1,700 KG
1 FLASCHE TROCKENER APFEL-SCHAUMWEIN,
1 KG KAROTTEN, 2 ZWIEBELN,
2 SCHALOTTEN, 2 LAUCHSTANGEN (NUR DIE WEIẞEN BLÄTTER), KERBEL,
1 DL SAHNE, BUTTER, SALZ, PFEFFER,
1 TL SENF.

- Das Geflügel abflämmen und ausnehmen.
- Wie ein Brathähnchen zerlegen und die Stücke wie bei einem Frikassee ganz kurz scharf anbraten. Die Fleischstücke dürfen dabei nicht zuviel Farbe annehmen.
- Die in sehr dünne Scheiben geschnittenen Zwiebeln, Schalotten und weißen Lauchblätter zufügen.
- Mit der Hälfte des Apfel-Schaumweins und mit etwas weißer Grundbrühe, die man aus den Geflügelresten hergestellt hat, ablöschen. Salzen und pfeffern.

Zum Kochen bringen und bei geringer Hitze köcheln lassen.

• Inzwischen in einem anderen Topf die Karotten kurz in Butter anbraten und mit dem restlichen Apfel-Schaumwein und der weißen Grundsoße ablöschen (wenn die Flüssigkeit verkocht ist, sind die Karotten gar).
• Wenn die Geflügelteile auch gargeschmort sind, aus dem Topf nehmen, abtropfen lassen und auf einer Servierplatte anrichten und warmstellen.
• Die Kochflüssigkeit 1/2 Stunde weitersimmern lassen.
• Die Soße kurz vor Ende der Kochzeit mit 1 dl Sahne und 1 Tl Senf verfeinern. über die Karotten sieben, kurz erhitzen, aber nicht kochen lassen, und abschmecken.
• Die Geflügelteile damit überziehen.
• Heiß servieren.

Gefülltes Geflügel auf bretonische Art

1 schönes Federvieh von 2,5 kg, ausgenommen und bratfertig,
3/4 l Milch, 250 g Mehl,
50 g Zucker,
100 g Butter, 4 frische Eier,
75 g Korinthen,
100 g Backpflaumen,
Foto unten

• Die Eier mit dem Zucker und dem Mehl in einer Schüssel gut vermischen.
• Die kochende Milch mit einem Stück Butter verfeinern und in die Teigmischung gießen.
• Gut verrühren und langsam aufkochen bis die Masse andickt.
• Die Backpflaumen und die Korinthen zufügen und erkalten lassen.
• Die Masse in das Geflügel füllen.
• Gut zusammenbinden und eine Stunde braten.
•Wenn das Geflügel knusprig gebraten ist, jedem Gast ein Stück des Bratens servieren und dazu einen Löffel Füllung reichen, diese mit dem Bratensaft übergießen. Ein guter Salat rundet das Gericht ab.

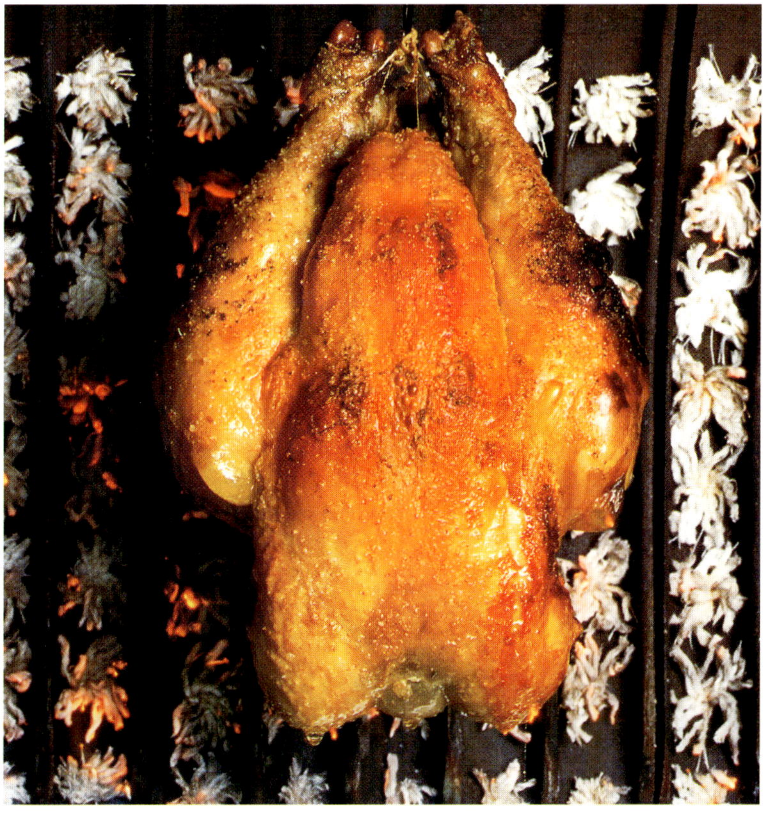

Thorel
Solange & Jacques

GEMÜSE

KAROTTEN MIT KORINTHEN

2 PFUND KAROTTEN,
200 G KORINTHEN,
160 G BUTTER,
ZUCKER,
ETWAS SALZ.

- Die Karotten in hauchdünne Scheibchen schneiden. Die Butter in eine hermetisch schließende Pfanne geben und sofort die vorbereiteten Möhren mit hineingeben.
- 2 Stunden bei schwacher Hitze und unter häufigem Wenden garen.
- Dann leicht salzen und zuckern (falls die Möhren nicht schon leicht süß sind).
- Eine halbe Stunde vor dem Servieren die gesäuberten und entstielten Korinthen, die vorher 1 Stunde lang in lauwarmem Wasser eingeweicht wurden, unter die Karotten mischen.
- Noch heiß servieren, wenn die Möhren auf der Zunge vergehen aber nicht gratiniert sind.

GEFÜLLTE ZAUBERWALD-STEINPILZE (PILZE AUS DEM BROCÉLIANDE-WALD)

12 GROßE, GANZ FRISCHE STEINPILZE,
1 KNOBLAUCHZEHE,
4 SCHALOTTEN,
50 G WALNUßKERNE,
100 G BUTTER,
PETERSILIE,
SCHNITTLAUCH,
Salz, Pfeffer.

- Die Steinpilze nur abwischen, nicht waschen.
- Die Stiele abschneiden.
- Die Röhren aus den Hüten entfernen, so daß eine kleine Vertiefung für die Füllung entsteht.
- Die gesäuberten Steinpilzfüße grob hacken.
- Die Schalotten in dünne Scheiben schneiden und die Knoblauchzehe hacken.
- Die Schalotten mit den gehackten Pilzfüße und dem Knoblauch mit etwas Butter in einer Pfanne andünsten.
- Die kleingeschnittenen Kräuter und die Nußkerne zufügen. Würzen.
- Die Pilzhüte mit der Masse füllen.
- Eine ofenfeste Form ausbuttern und die Steinpilzhüte hineinsetzen.
- 20 Minuten bei 220° im Ofen überbacken.
- Mit einem knackigen Chicoreesalat servieren. Eine sehr gelungene Verbindung !

GEFÜLLTER WIRSING

FÜR 4 PERSONEN :
1 SCHÖNER WIRSINGKOPF,
300 G WURSTBRÄT,
1 KANINCHENSCHLEGEL,
1 KLEINER BUND SCHNITTLAUCH,
1 KLEINES EI,
1 KLEINES STÜCK SPECKSCHWARTE,
1 L FLEISCHBRÜHE VOM POT-AU-FEU,
SALZ, PFEFFER.
Foto auf gegenüberliegender Seite

- Den Kohlkopf 10 Minuten in kochendem Wasser blanchieren.
- Kalt abspülen und abtropfen lassen.
- Die Blätter loslösen und die harten Strünke entfernen, nur die Weichteile der Blätter werden verwendet.
- Die Knochen aus dem Kaninchenschlegel herauslösen und das Fleisch in dicke Würfel schneiden.
- Das Wurstbrät, das Kaninchenfleisch, das Ei und den kleingeschnittenen Schnittlauch miteinander vermischen. Würzen.
- Eine Schüssel von 20 cm Durchmesser buttern und mit den Kohlblättern auslegen (zuerst die größeren Blätter nehmen).
- Darauf abwechselnd eine Schicht von der Füllung streichen, dann wieder mit Kohlblättern bedecken usw. Die letzte Schicht sollte aus Kohlblättern bestehen und nicht aus der Füllung.
- Mit den Blättern gut bedecken und leicht festdrücken.
- Die Speckschwarte auf den Boden einer feuerfesten Form legen und den Inhalt der Schüssel darauf gleiten lassen.
- Mit der Fleischbrühe begießen und 3 Stunden bei 180° im Ofen garen.
- Der Wirsing zergeht auf der Zunge und verströmt ein herrliches Aroma.
- Je nach Jahreszeit kann man die Füllung mit Eßkastanien oder Apfelvierteln verfeinern.

Kartoffelplinsen

1 kg Kartoffeln,
250 g Butter,
2 Eier,
125 g Mehl.
Foto unten

• Die Kartoffeln schälen und waschen.
• In leicht gesalzenem Wasser garen.
• Das Wasser abgießen und die Kartoffeln durch die Kartoffelpresse drücken.
• 150 g Butter zufügen und gut vermischen.
• Dann die beiden Eier und 125 g Mehl dazugeben und mit einem Spatel die Masse gut durcharbeiten.
• Den Rest der Butter in einer Pfanne erhitzen, und wenn die Butter zu schäumen beginnt, aus der Kartoffelmasse kleine Plinsen oder Küchlein formen und in der Butter auf beiden Seiten goldbraun backen.
• Diese kleinen Plinsen eignen sich besonders gut als Beilage zu Fleischgerichten. Man kann sie ebenfalls mit einem Spiegelei oder einer kleinen Bratwurst servieren.

ARTISCHOCKENBÖDEN-FRIKASSEE

- Die äußeren Artischockenblätter vom Stiel trennen und die Artischocken achteln.
- Jedes Stück mit einem kleinen, scharfen Messer von den Blättern und dem Heu befreien, so daß nur der Boden übrigbleibt.
- Die Bodenstücke sofort in Zitronenwasser legen.
- Die Zwiebeln abziehen.
- In Butter andünsten, nicht anbraten !
- Wenn die Zwiebeln leicht glasig sind, die Apfelwein darübergießen und das Kräutersträußchen zufügen.
- Zum Kochen bringen.
- Die Artischockenböden hineingeben und würzen.
- Zugedeckt 20 Minuten köcheln lassen.

FÜR 4 PERSONEN :
4 SCHÖNE, GROẞE ARTISCHOCKEN (WENN ES GEHT, DIE SORTE "CAMUS DE SAINT POL DE LÉON"),
1 ZITRONE,
15 PERLZWIEBELN,
1 FLASCHE APFELWEIN,
150 G BUTTER,
1 KLEINES KRÄUTERSTRÄUẞCHEN (PETERSILIE, SALBEI, BOHNENKRAUT, THYMIAN, LORBEER).
Foto oben

ARTISCHOCKENBÖDEN MIT SAUERAMPFER

FÜR 4 PERSONEN :
4 SCHÖNE, GROßE ARTISCHOCKEN,
1 ZITRONE,
1 GROßER BUND SAUERAMPFER,
1/2 L WASSER,
150 G BUTTER,
5 CL ÖL,
1 BLATT BACKTRENNPAPIER.

• Die äußeren Blätter vom Stiel abtrennen und die Artischocken in 8 Teile schneiden.
• Jedes Artischockenachtel mit einem kleinen Messer von den Blättern und dem Heu befreien, so daß nur der Boden übrigbleibt.
• Die Bodenstückchen sofort in Zitronenwasser legen.
• Den Sauerampfer säubern und die Mittelrippe entfernen. Die Blätter gründlich waschen und abtropfen lassen.
• In eine Porzellanform etwas Wasser und 50 g Butter geben, dann abwechselnd eine Schicht rohe Sauerampferblätter, eine Schicht Artischockenböden hineinfüllen, würzen und den Rest vom Wasser und der Butter darüber verteilen.
• Mit Backtrennpapier bedecken und dieses mit Öl bestreichen.
• 2 Stunden bei 160° im Ofen garen.
• Kontrollieren, ob die Artischockenböden auch durchgegart sind.
• Als Beilage zu Kalbsbraten servieren.

BLUMENKOHLAUFLAUF MIT MUSCHELN

1 KG MIESMUSCHELN,
1 DL WEIßWEIN,
1 BLUMENKOHL,
2 DL CRÈME FRAÎCHE,
1 EIGELB,
30 G MEHL,
50 G BUTTER,
50 G GERIEBENER KÄSE,
SALZ, PFEFFER.
Foto auf gegenüberliegender Seite

• Die Muscheln abbürsten und gründlich waschen. Auf einem Sieb abtropfen lassen.
• Den Weißwein in einen Topf gießen, die Muscheln hineingeben und den Topf schließen. Solange kochen, bis alle Muscheln geöffnet sind.
• Die Miesmuscheln aus den Schalen lösen und den Kochsud durch ein feines Haarsieb passieren.
• Den Blumenkohl putzen und waschen. Weich dämpfen.
• Wenn er gar ist, die Röschen für den Auflauf ablösen, die Stiele und den Strunk kleinschneiden und vorerst beiseite legen.
• Butter in einem Topf zum Schmelzen bringen, das Mehl darüberstäuben und mit einem Holzlöffel gut durchmischen.
• Mit dem Muschelsud ablöschen.
• Zum Kochen bringen, die crème fraîche und die kleingehackten Stiele und den Strunk zufügen und 10 Minuten weiterkochen lassen.
• Durchmixen, damit eine gleichmäßige Masse entsteht. Die Soße passieren.
• Würzen und mit Eigelb binden.
• Die Blumenkohlröschen und das Muschelfleisch in eine Auflaufform füllen und mit der Soße überziehen.
• Mit dem geriebenen Käse überstreuen. 10 Minuten bei 220° im Ofen überbacken.
• Wenn der Auflauf eine schöne goldgelbe Kruste aufweist, kann er serviert werden.

KLEINE JUNGE KAROTTEN

2 BUND JUNGE KAROTTEN (DIE ERSTEN AUS DER GEGEND VON NANTES SIND AUSGEZEICHNET !),
150 G BUTTER,
ZUCKER,
ETWAS SALZ.

• Die Jungen Karotten abschaben und waschen.
• Mit der Butter, einer Prise Zucker, einem EL Wasser und ein paar Salzkörnern in einen Topf mit Deckel geben.
• Zugedeckt bei kleiner Hitze köcheln lassen.
• Zur Verfeinerung des eigentlich alltäglichen Gerichts kann man am Schluß einen EL crème fraîche unterrühren.

Ich persönlich esse die Jungen Karotten am liebsten natur, ohne crème fraîche, denn so entfalten sich die Vorzeichen des nahenden Frühlings in diesem einfachen Gericht am besten.

BRETONISCHER KARTOFFELAUFLAUF

1 kg Kartoffeln,
100 g geriebener Käse,
100 g Semmelbrösel,
1 l Fleischbrühe vom Pot-au-Feu,
10 Scheiben leicht gepökelte Schweinebrust,
Salz, Pfeffer.

- Die Kartoffeln schälen und waschen.
- Einzeln mit einem Küchenhandtuch abtrocknen.
- Fein reiben (auf der Rohkostreibe).
- Würzen und mit dem geriebenen Käse vermischen.
- Die Schweinebrustscheiben in einer Pfanne goldbraun braten.
- Eine feuerfeste Form ausbuttern.
- Den Boden der Form reichlich mit Semmelbröseln bestreuen und die goldgelb gebratenen Speckscheiben darauf verteilen.
- Darüber die Kartoffelmasse streichen.
- Mit der heißen Brühe übergießen.
- 1 Stunde bei 180° im Ofen überbacken.
- Der Auflauf soll eine schöne, gleichmäßig goldbraune Kruste aufweisen.
- Sofort servieren.

RIESENSCHIRMLINGE MIT HASELNÜSSEN

1 kg frische Riesenschirmlinge,
100 g frische Haselnüsse,
100 g Butter,
1 dl crème fraîche,
Schnittlauch,
Salz, Pfeffer.

- Die Pilze säubern, die Stiele entfernen und in leichtem Essig- Wasser waschen.
- In einem Sieb abtropfen lassen und in dicke Scheiben schneiden.
- Die Pilze in Butter andünsten, dann die crème fraîche zufügen.
- Die Haselnußkerne zerhacken und zu den Pilzen geben.
- Einige Minuten dünsten lassen und dann den kleingeschnittenen Schnittlauch zufügen.
- Würzen.
- Heiß als Beilage zu Kalbfleisch servieren.

GRÜNE BOHNEN MIT TOMATEN

1 kg grüne Bohnen,
2 Knoblauchzehen,
4 große Zwiebeln,
1 kg Tomaten,
150 g Butter,
1 Kräutersträußchen,
Salz, Pfeffer.

- Tomaten vierteln und durch die Flotte Lotte passieren, damit nur das Fleisch zurückbleibt.
- Bohnen putzen und Fäden abziehen. In zwei oder drei Stücke brechen, waschen und in einem Sieb abtropfen lassen.
- Die Zwiebeln abziehen und in dünne Scheiben schneiden.
- Den Knoblauch abziehen und hacken.
- Zwiebeln in der Butter andünsten, Knoblauch und Tomatenfleisch zufügen.
- Gut umrühren, die grünen Bohnen und das Kräutersträußchen hineingeben.
- Salzen, pfeffern und zum Kochen bringen.
- Etwa 1 bis 1 1/4 Stunden leise köcheln lassen.
- Heiß als Beilage zu einem Braten serviert, ist dieses Gericht eine Delikatesse !

KARTOFFELN MIT LAUCH

- Die Lauchstangen längs halbieren und gründlich unter fließendem Wasser abspülen.
- Grob zerschneiden.
- Die Zwiebel hacken.

• Schweineschmalz in einem Topf bei kleiner Hitze zergehen lassen und die Lauch- und Zwiebelstücke zufügen.
• Etwas Wasser darübergießen und zugedeckt etwa 10 Minuten kochen lassen.
• Die Kartoffeln schälen und in dünne Scheiben schneiden.
• In eine ofenfeste Form abwechselnd Kartoffelscheiben und Gemüse schichten. Die erste und die letzte Schicht sollte aus Kartoffelscheiben bestehen.
• Mit Brühe und Apfelwein halbhoch aufgießen.
• Leicht salzen, pfeffern und 30 Minuten zugedeckt simmern lassen.
• Dann Butterflöckchen auf der Oberfläche verteilen und die Form in den Ofen stellen und bei 250° in etwa 10 Minuten goldgelb überbacken.

1 KG KARTOFFELN,
500 G LAUCH,
1 GROẞE ZWIEBEL,
20 G SCHWEINESCHMALZ,
1 DL BRÜHE,
1 DL APFELWEIN,
20 G BUTTER,
SALZ, PFEFFER.
Foto unten

EIERSPEISEN

EIER-AUFLAUF

10 EIER,
250 G LAUCH,
250 G ZWIEBELN,
100 G BUTTER,
100 G GERIEBENER KÄSE.
3/4 L MILCH,
50 G MEHL,
50 G BUTTER,
4 EIGELB,
SALZ, PFEFFER.

- Die Zwiebeln abziehen und die Lauchstangen putzen.
- Beides in dünne Scheiben schneiden.
- In 100 g Butter bei kleiner Hitze 15 Minuten dünsten. Dabei aufpassen, daß nichts anbrennt.
- Die Milch zum Kochen bringen.
- Mit den 50 g Butter und dem Mehl eine Einbrenne zubereiten.
- Die kochende Milch darüber gießen und kräftig umrühren.
- 10 Minuten köcheln lassen, würzen und vom Herd nehmen.
- Die 4 Eigelb unterrühren.
- Die 10 Eier 8 Minuten kochen.
- Schälen und in gleichmäßige Scheiben schneiden.
- Die weichgedünsteten Zwiebel-und Lauchscheiben in einer ofenfesten Form verteilen.
- Mit etwas Weißer Soße überziehen und darauf die Eierscheiben schichten. Die restliche Soße darübergeben, mit dem geriebenen Käse bestreuen und 10 Minuten im heißen Ofen überbacken.

SARDINEN-OMELETT

FÜR 4 PERSONEN :
10 EIER,
6 SARDINEN,
50 G BUTTER,
SALZ, PFEFFER.
Foto auf gegenüberliegender Seite

- Die Sardinen säubern und filetieren.
- Die Eier aufschlagen, salzen und pfeffern und leicht verschlagen.
- Die Sardinenfilets in einer Pfanne in wenig Butter braten.
- Dann die Filets mit einer Gabel zerdrücken.
- Die Eier zugießen und wie ein klassisches Omelett backen.
- Danach klappt man das Omelett übereinander und serviert es mit einem beliebigen Salat.

THUNFISCH-OMELETT

FÜR 4 PERSONEN :
10 EIER,
150 G GEKOCHTER THUNFISCH,
1 KLEINER BUND SCHNITTLAUCH,
50 G BUTTER,
SALZ, PFEFFER.
Foto Seite 76

- Die Eier aufschlagen, salzen, pfeffern und leicht verschlagen.
- Den Thunfisch langsam in der Butter dünsten und den kleingeschnittenen Schnittlauch dazugeben.
- Die Hitze steigern und die geschlagene Eimasse darüber gießen.
- Wie ein klassisches Omelett backen.
- Dann klappt man das Omelett übereinander und serviert es mit einem beliebigen Salat.

MEHL- UND MUS-SPEISEN

HAFERBREI

- Das Hafermehl im Wasser auflösen und eine Nacht quellen lassen.
- Am nächsten Morgen mit etwas Salz zum Kochen bringen.
- Unter ständigem Rühren - sonst brennt der Brei leicht an - weiterkochen lassen, bis die Masse dicklich wird und Blasen wirft, wie Lava im Krater eines Vulkans.
- Jetzt ist der Brei fertig. Ein Stückchen Butter unterrühren.
- Mit einem Teelöffel eigroße Bällchen abstechen. In eine Schale mit Milch geben und servieren.

100 G HAFERMEHL,
1,5 L WASSER,
ETWAS SALZ,
ETWAS BUTTER,
MILCH.

BUCHWEIZENGRÜTZE

- Das Buchweizenmehl in kaltem Wasser auflösen, dann das heiße Wasser zuschütten.
- Leicht salzen und zum Kochen bringen.
- Unter ständigem Rühren solange kochen, bis die Masse dicklich wird und schwer vom Löffel fällt.
- In Schalen füllen, mit dem Löffel in die Mitte eine Höhlung drücken und ein Stückchen
- Butter hineingeben.
- Jeden Löffel Grütze vor dem Essen in diese Butter tauchen.

100 G BUCHWEIZENMEHL,
5 DL KALTES WASSER,
1 L HEIẞES WASSER,
ETWAS SALZ,
ETWAS BUTTER.

Es gibt mehrere Varianten dieser Grütze :
- das Mehl wird in Dick- oder Sauermilch gerührt
- die Butter wird durch Dickmilch oder Apfelwein ersetzt.

BRETONISCHER BACKPFLAUMEN-AUFLAUF

- Die Eier aufschlagen und in eine Schüssel geben.
- Mit dem Zucker verschlagen, bis eine weißliche Masse entsteht.
- Mehl zufügen und alles gut verrühren, damit keine Klümpchen entstehen.
- Dann 1 l kalte Milch zugießen.
- Gründlich verrühren, der Teig soll flüssig sein und keine Klümpchen zeigen.
- Den Teig in eine gebutterte Auflaufform gießen, die Sultaninen und die entsteinten Backpflaumen hineingeben.
- Bei Mittelhitze (170°) ungefähr 1 Stunde backen.
- Erkalten lassen und stürzen.

1 L MILCH,
250 G MEHL,
200 G ZUCKER,
6 FRISCHE EIER,
120 G SULTANINEN,
150 G BACKPFLAUMEN,
1 EL RUM.

Foto auf gegenüberliegender Seite

WARMER APFELAUFLAUF

- Die Eier mit dem Zucker vermischen und solange mit dem Schneebesen schlagen, bis die Masse weißlich wird.
- Das Mehl einrieseln lassen und alles gut verrühren, damit keine Klümpchen entstehen.
- Die geschmolzene Butter zufügen.
- Den Schnaps unterrühren und mit Milch solange verdünnen, bis ein recht flüssiger Teig entsteht. Eine ofenfeste Form mit Butter ausstreichen.
- Die geschälten, entkernten und geviertelten Äpfel gleichmäßig auf dem Boden verteilen.
- Vorsichtig den Teig darübergießen und im heißen Ofen ungefähr 1/2 Stunde überbacken.
- Danach mit Zucker bestreuen und 5 Minuten unter dem Grill bräunen lassen.
- Heiß servieren.

250 G MEHL,
125 G ZUCKER,
4 EIER,
1 EL APFELSCHNAPS,
4 ÄPFEL (REINETTEN AUS DER BRETAGNE, AUS DER CARENTOIR-GEGEND),
100 G BUTTER,
MILCH,
ZUCKER NACH GESCHMACK.

AUFLAUF MIT SÜßEM APFELWEIN

100 G MEHL,
50 G ZUCKER,
3 EIER,
1 GROßER ODER 2 KLEINE ÄPFEL (KEINE BESTIMMTE SORTE),
1 DL MILCH,
1,5 DL SÜßER APFELWEIN ODER APFELSAFT.

• Den oder die Äpfel schälen, entkernen und sehr fein reiben (z.B. auf einer Gemüsereibe).
• Die Eier mit dem Zucker vermischen und mit einem Schneebesen solange schlagen, bis die Masse weißlich wird.
• Das Mehl einrieseln lassen. Gut vermischen, damit keine Klümpchen entstehen.
• Den Teig mit dem Apfelsaft (oder Apfelwein) und der Milch verdünnen.
• Die geriebenen Äpfel zufügen.
• Eine ofenfeste Form mit Butter ausstreichen.
• Den Teig hineingießen und bei Mittelhitze ungefähr 40 Minuten backen.
• Dieser Auflauf kann je nach Geschmack lauwarm oder kalt gegessen werden.
• Wenn man den Zucker wegläßt, bildet der Auflauf eine hervorragende Beilage zu Wildgerichten oder Schweinebraten.

BRETONISCHER SCHWEINEBLUT-AUFLAUF

1/2 L SCHWEINEBLUT,
250 G MEHL,
200 G ZUCKER,
150 G WILDER SAUERAMPFER,
50 G BUTTER,
1/2 L WASSER,
150 G ROSINEN,
1 PRISE SALZ.

• Die harten Rippen des Sauerampfers entfernen.
• Die Blätter gründlich waschen und in einem Sieb abtropfen lassen.
• Mit einem Küchenhandtuch oder in der Salatschleuder trocknen.
• Dann die Blätter in 50 g heißer Butter zerfallen lassen, dabei kräftig mit einem Holzlöffel umrühren.
• Sauerampfer erkalten lassen und grob hacken.
• Das Mehl im Wasser auflösen, dabei darauf achten, daß keine Klümpchen enstehen.
• Das Blut dazugießen und gut verrühren.
• Den gehackten Sauerampfer, die Rosinen und das Salz zufügen.
• Es gibt zwei Garmöglichkeiten :
- entweder in einem Leinensäckchen 1 1/2 Stunden in kochender Fleischbrühe
- oder wie ein gewöhnlicher Auflauf im Ofen. Im letzteren Fall wird der Teig in eine gebutterte Auflaufform gegossen und 1 Stunde bei Mittelhitze gebacken.

FARZ GWELL ODER FARZ POULOUD BRETONISCHER SCHMARRN

Dieses Rezept ähnelt dem des vorher beschriebenen Eierkuchens, der Unterschied liegt lediglich in der Backmethode. Bei diesem Schmarrn wird der Teig während des Backens ständig umgerührt, wobei kleine Teigstückchen entstehen, die außen knusprig aber innen weich bleiben.

1 L MILCH,
6 EIER,
300 G ZUCKER,
500 G MEHL,
1 PRISE SALZ,
300 G BUTTER ZUM BACKEN.
BACKZEIT :
20-30 MINUTEN.

• Die aufgeschlagenen Eier mit dem Zucker in einer Schüssel solange mit dem Schneebesen schlagen, bis eine weißliche Masse entsteht.
• Das Mehl einrieseln lassen, dabei darauf achten, daß keine Klümpchen enstehen.
• Die Milch dazugießen.
• 100 g Butter in einer Pfanne schmelzen lassen.
• Wenn die Butter anfängt zu schäumen, die Hälfte des Teiges dazugießen.
• Ununterbrochen mit einer Gabel umrühren - wie bei einem Omelett -, dabei enstehen unregelmäßige Stücke. Die Hitze reduzieren, damit nichts anbrennen kann.
• 50 g Butter in die Pfanne geben, damit die Stücke schön goldbraun werden.
• Dieser Schmarrn ist außen knusprig aber innen noch schön weich.

BUCHWEIZEN-AUFLAUF

250 G BUCHWEIZENMEHL,
150 G ZUCKER,
200 G BUTTER,
2 L MILCH,
150 G KORINTHEN,
2 EIER,
1 STANGE ZIMT.

- Milch mit einem Stückchen Butter und der Zimtstange aufkochen.
- Die Eier mit dem Zucker vermischen und solange mit dem Schneebesen schlagen, bis eine weißliche Masse entsteht.
- Das Mehl einrieseln lassen und darauf achten, daß keine Klümpchen enstehen.
- Die Zimtstange aus der Milch nehmen und diese kochendheiß über die Mischung geben, dabei kräftig rühren. Die Korinthen zufügen und den Teig in eine gebutterte Auflaufform gießen. Im heißen Ofen 40 Minuten lang backen.
- Dieser Auflauf ist ein Gedicht, wenn man ihn zum Nachmittags- Kaffee mit Bitterorangenmarmelade bestreicht.

ROSINEN/SPECK-AUFLAUF

Dieses Rezept stammt von der Insel Ouessant. Der Auflauf wurde früher im Kamin gebacken. Der Deckel der Form wurde mit Torf und getrockneten Kräutern bedeckt, was diesem Auflauf den speziellen Rauchgeschmack verlieh. Ich habe dieses Rezept der modernen Backmethode angepaßt, denn es ist heute wohl kaum mehr möglich, dieses Gericht im Kamin zu backen.

200 G GERSTEN-ODER WEIZENMEHL,
7 DL LAUWARME MILCH,
3 ODER 4 GROßE GERIEBENE KARTOFFELN,
400 G SPECK,
300 G ROSINEN.

- Kartoffeln schälen und waschen.
- Mit einem Küchenhandtuch einzeln abtrocknen.
- Dann auf einer Rohkostreibe raspeln.
- Die Schwarte vom Speck entfernen und den Speck in fingerdicke Stücke schneiden.
- Das Mehl mit der Milch verrühren. Die geraspelten Kartoffeln, die Speckstücke und die Rosinen zugeben.
- Eine ziemlich große Backform mit Butter ausstreichen und den Teig hineingießen.
- 15 Minuten im heißen Ofen überbacken, dann noch 1 Stunde bei Mittelhitze weiterbacken.
- Dieser Auflauf eignet sich sehr gut als Beilage zu Fleisch aber auch zu gegrilltem Fisch.

BRETONISCHER EIERKUCHEN

1 L MILCH,
6 EIER,
300 G ZUCKER,
400 G MEHL,
1 PRISE SALZ,
300 G BUTTER ZUM BACKEN.
BACKZEIT :
20-30 MINUTEN.

- Die Eier aufschlagen und mit dem Zucker in eine Schüssel geben. Mit dem Schneebesen schlagen, bis die Masse weißlich wird.
- Das Mehl einrieseln lassen, dabei gründlich verrühren, damit keine Klümpchen enstehen.
- Den Teig mit der Milch verflüssigen.
- 1/3 der Butter in einer Pfanne zum Schmelzen bringen.
- Wenn sie anfängt zu schäumen, 1/3 des Teiges zugießen.
- Vorsichtig mit einem Holzlöffel durchrühren.
- Die Pfanne etwas schütteln, damit der Eierkuchen nicht anbrennt.
- Wenn er auf der Unterseite schön goldgelb gebacken ist, umdrehen.
- Bei geringer Hitze fertig backen.

FARZ LEUE BIHAN ODER FAR DU PETIT VEAU

Bretonischer Auflauf mit Kolostrum

1 L KOLOSTRUM (ODER VORMILCH, DIE BEI DER KUH NACH DEM KALBEN AUSTRITT),
1 DL MILCH, 1 EI,
50 G ZUCKER, 150 G MEHL,
1 PRISE SALZ, 50 G BUTTER
BACKZEIT : 20-30 MINUTEN

- Alle Zutaten in einer Schüssel vermischen.
- In eine gebutterte Auflaufform gießen und wie einen klassischen Auflauf backen.

Bretonische Polenta

100 g Buchweizenmehl,
5 dl kaltes Wasser,
1 l heißes Wasser,
150 g Butter.

- In einem Topf das Mehl mit dem kalten Wasser verrühren, dann das heiße Wasser dazugießen.
- Mit etwas Salz zum Kochen bringen. Dabei ständig umrühren, da die Masse dick wird und leicht auf dem Topfboden anbrennt. Sobald die Masse so fest ist, daß sie schwer reißend vom Löffel fällt, vom Herd nehmen.
- In eine rechteckige Auflaufform streichen.
- Erkalten lassen. Stürzen.
- In 1 cm dicke und 5 cm lange Stückchen schneiden.
- In einer Pfanne mit dickem Boden Butter zerlassen, aufschäumen lassen und die Stücke darin ausbacken.
- Wenden und mit etwas schäumender Butter begießen.
- Heiß servieren, solange die Kruste noch knusprig und das Innere noch weich ist und entweder natur oder mit Zucker bestreut genießen.

Bretonische Hochzeitspolenta

100 g Hafermehl,
1,5 dl Wasser,
1 Ei,
150 g Paniermehl,
100 g Butter.

- Das Wasser in einen Topf gießen und das Mehl darin auflösen. Salzen.
- Auf dem Herd zum Kochen bringen und eindicken lassen.
- Häufig umrühren, damit die Masse nicht anbrennt.
- Vom Herd nehmen und etwas abkühlen lassen. Die Masse sollte recht fest sein.
- Ein großes Stück Butter unterrühren.
- In eine Form oder auf das Backblech streichen und völlig erkalten lassen.
- Stürzen.
- Erst in Scheiben, dann in 4 cm große Vierecke schneiden.
- In einer kleinen Schüssel das Ei mit 1 TL Wasser verschlagen.
- Das Paniermehl in einen tiefen Teller schütten.
- Die Polentastücke mit Hilfe einer Gabel durch das verschlagene Ei ziehen und dann im
- Paniermehl wenden, wobei wieder eine Gabel zu Hilfe genommen werden kann.
- Die Stücke in einer Pfanne mit schäumender Butter ausbacken. Noch heiß servieren.

Bretonischer Säckchen-Auflauf aus dem Leonerland

500 g Buchweizenmehl,
150 g Butter, 500 g Schälrippe,
500 g Rinderschulter, 750 g Bruststpeck,
5 Karotten, 3 Lauchstangen,
1 kleine Kohlrübe,
1 Zweig Staudensellerie,
1 EL Salz, 2 Eier,
100 g Sahne,
1 Leinensäckchen.
Garzeit : 4 Stunden

- Die Schälrippe, die Rinderschulter und den Speck in einen großen Topf legen. Mit Wasser bedecken und langsam aufkochen. Dabei häufig abschäumen.
- In einer großen Schüssel das Mehl mit den Eiern, der Sahne, der geschmolzenen Butter, dem Salz und 7 dl Fleischbrühe vermischen, sodaß ein flüssiger Teig entsteht.
- Das Leinensäckchen zu 2/3 mit diesem Teig füllen (der Teig geht während des Garens auf) und zubinden.
- Das Säckchen in die Brühe zum Fleisch hängen und 1 Stunde köcheln lassen.
- Gemüse in dicke Stücke schneiden, in die Brühe geben und 2 weitere Stunden köcheln lassen.
- Am Ende der Kochzeit das Säckchen aus der Brühe nehmen und auf dem Küchentisch hin- und herrollen, damit der Auflauf in kleine Stückchen zerkrümelt wird.

Die Krümel aus dem Säckchen in die Mitte eines großen Serviertellers schütten und die Fleischstücke und das Gemüse darum herum anrichten.

BRETONISCHER SÄCKCHEN-AUFLAUF AUS DEM CAPISTENLAND

• Wasser in einem sehr großen Topf aufsetzen. Wenn das Wasser gerade noch handwarm ist, die 3 Fleischsorten hineinlegen.
• Salzen und langsam zum Kochen bringen, dabei häufig abschäumen.
• Die verschiedenen Gemüse putzen, waschen und in dicke Stücke schneiden.
• In die Suppe geben und 30 Minuten köcheln lassen.
• Inzwischen den Teig für den Auflauf zubereiten.
• In einer großen Schüssel das Mehl mit den Eiern, der Milch, dem Salz und den 5 dl Wasser oder der gleichen Menge Gemüsebrühe vermischen, so daß ein recht flüssiger Teig entsteht.
• Ein Leinensäckchen (es kann auch ein Hemdsärmel sein) zu 2/3 mit diesem Teig füllen und zubinden.
• Diees Säckchen in den Suppentopf hängen und 1 1/2 Stunden darin garen lassen (die Brühe sollte sich auf der Oberfläche gerade kräuseln).
• Am Ende der Kochzeit das Säckchen herausnehmen und 15 Minuten auskühlen lassen.
• Stürzen und in dicke Scheiben schneiden.
• Die Scheiben in die Mitte einer großen Servierplatte legen und das in Stücke geschnittene Fleisch und das Gemüse darum herum anrichten.

FÜR DEN AUFLAUF :
500 G WEIZENMEHL, 3 DL MILCH,
50 G ZUCKER,
2 GANZE EIER, 2 EIGELB,
5 DL WASSER.
FÜR DEN POT-AU-FEU :
1 KG SCHÄLRIPPE,
500 G RINDERSCHULTER,
1 GEPÖKELTE SCHWEINSHAXE,
5 KAROTTEN, 3 LAUCHSTANGEN,
1 KLEINER KOHLKOPF, 300 G WEIßE BOHNEN,
1 ZWEIG STANGENSELLERIE, 1 EL SALZ,
1 LEINENSÄCKCHEN.
GARZEIT : 4 STUNDEN

KLÖßCHEN VON DER INSEL HOUAT

• In einer Schüssel das Mehl mit dem Ei und den beiden Eigelb vermischen, so daß ein cremiger Teig entsteht.
• Den Zucker zufügen und noch etwas durchrühren.
• Die Korinthen hineingeben.
• Mit Hilfe eines Löffels kleine Klößchen von der Masse abstechen. Im Mehl wälzen.
• In die kochende Brühe geben.
• Nach etwa 15 Minuten steigen die Klößchen an die Oberfläche.
• Herausnehmen und als Beilage zum Fleisch und dem Gemüse eines Pot-au-Feu servieren.

500 G MEHL,
1 EI,
2 EIGELB,
100 G ZUCKER,
150 G KORINTHEN,
BRÜHE VOM POT-AU-FEU.

Früher wurden diese Klößchen kalt als Abendessen verzehrt.

BRETONISCHER SÄCKCHEN-AUFLAUF NACH MORBIHANER ART

• In einem großen Topf Wasser die Schweinebrust langsam zum Kochen bringen. Regelmäßig abschäumen.
• Das geputzte, kleingeschnittene Gemüse zugeben und 1 Stunde kochen lassen.
• Inzwischen die Teigzutaten in einer Schüssel vermischen und solange rühren, bis ein cremiger Teig entsteht.
• Diesen Teig in ein Säckchen füllen und zubinden. Dabei genügend Platz lassen, da der Teig beim Garen aufgeht.
• Das Säckchen in die kochende Brühe hängen und 2 Stunden darin kochen lassen.
• Am Ende der Kochzeit das Säckchen herausnehmen und 20 Minuten lang auskühlen lassen. Aufbinden und den fertigen Auflauf herausdrücken.
• Mit Zucker bestreuen. In Scheiben schneiden.
• Zur Schweinebrust und dem Gemüse servieren.

500 g Mehl,
6 Eier, 1 l Milch,
2 Päckchen Vanillezucker,
Salz, 100 g Zucker,
250 g Backpflaumen,
1 kg leicht gepökelte Schweinebrust,
500 g Karotten,
500 g Lauch,
3 Zweige Stangensellerie.
Garzeit :
2 Stunden.

CRÊPES UND PFANNKUCHEN

Bretonische Crêpes

500 g Mehl,
1 EL Buchweizenmehl, 1 Prise Salz,
250 g Zucker,
3 Eier, 50 g Butter,
1 1/4 l Milch.

Weiter benötigte Zutaten und Geräte

100 g Schweineschmalz,
Butter zum Bestreichen.
eine "Pillig", eine gußeiserne Platte, auf der die Crêpes im Kamin oder auf dem Herd gebacken werden,
ein "Rozell", Schieber zum Verteilen des Teigs,
eine "Askelleden", einen Holzspatel aus Buchsbaum zum Wenden der Crêpes.

Foto auf gegenüberliegender Seite

- Die beiden Mehlsorten mit den Eiern, dem Zucker, der geschmolzenen Butter, dem Salz und der Milch vermischen. Der Teig sollte dünnflüssig sein.
- Einige Stunden, besser noch über Nacht, ruhen lassen.
- Die gußeiserne Platte heiß werden lassen.
- Platte mit wenig Schweinefett einfetten.
- Den Teig mit einem Schöpflöffel daraufgießen und mit dem Schieber gleichmäßig dünn auf der Platte verteilen. Dabei eine drehende Handbewegung machen (halbkreisförmig, einmal nach rechts, einmal nach links. Wenn möglich die erste Drehbewegung von unten links nach oben rechts, die zweite von oben rechts nach unten links).
- Sobald der Teig nicht mehr flüssig ist, mit dem Holzspatel wenden.
- Sofort mit Butter bestreichen, zuckern und viermal einschlagen.
- Heiß servieren.

Dieses Rezept geben die bretonischen Frauen von Generation zu Generation weiter, und wir bitten um etwas Nachsicht, wenn wir versuchen, dieses Jahrhunderte alte Rezept in wenigen Zeilen wiederzugeben, obwohl wir weder die typische Tracht noch das dazugehörige Häubchen besitzen.

Buchweizenpfannkuchen

750 g Buchweizenmehl,
250 g Weizenmehl,
2 l Milch,
1 Prise grobes Salz.

Weitere benötigte Zutaten und Geräte

100 g Schweineschmalz,
Butter zum Bestreichen,
1 gußeiserne Pfanne.

- Die beiden Mehlsorten mit der Milch verrühren.
- Der Teig sollte dünnflüssig sein.
- Einige Stunden - besser noch über Nacht - ruhen lassen.
- Ein kleines Stückchen Mull zu einem "Korken" rollen und mit einer Schnur zusammenbinden.
- Eine Seite dieses "Korkens" in das geschmolzene Schweineschmalz tauchen.
- Die Crêpe-Pfanne damit einfetten und heiß werden lassen.
- Sobald das Fett zu rauchen anfängt, einen Schöpflöffel Teig in die Pfanne gießen und mit einer kreisenden Handbewegung gleichmäßig verteilen.
- Ungefähr 2 Minuten backen, bis die Teigmitte nicht mehr flüssig ist.
- Mit einem dünnen Holzspatel (wenn möglich aus Buchsbaum) wenden.
- Sofort mit Butter bestreichen, viermal einschlagen und servieren.
- Falls die Pfannkuchen nicht frisch gegessen werden, auf keinen Fall mit Butter bestreichen, sondern erst, nachdem sie wieder aufgewärmt wurden.

Apfelauflauf

Für den Teig :

125 g Mehl, 50 g Zucker, 3 Eier,
80 g zerlassene Butter, 4 dl Milch,
2 EL Lambig (bretonischer Apfelschnaps).

Für die Füllung :

500 g graue Herbstreinetten,
150 g Butter.

Foto Seite 89

- Alle Teigzutaten gut vermischen, der Teig soll dünnflüssig sein.
- Äpfel schälen und vierteln.
- Die Apfelviertel mit der Butter in einem größeren Bräter rasch anbraten.
- Wenn die Äpfel schön goldgelb sind, den Pfannkuchenteig darüber gießen und den Bräter in den Ofen schieben.
- Nach 10 Minuten Backzeit kleine Butterflöckchen auf dem Auflauf verteilen, mit Zucker bestreuen und noch weitere 15 Minuten überbacken.
- Der Auflauf soll goldgelb sein.
- Mit Aprikosenmarmelade servieren.

EIN PAAR SERVIERVORSCHLÄGE FÜR BUCHWEIZENPFANNKUCHEN

Der berühmte Jahrmarkts-Pfannkuchen

Eine Bratwurst rundum braten, auf einen warmen und leicht gebutterten Buchweizen-Pfannkuchen legen und diesen über der Bratwurst einschlagen.

Speck & Ei

Zwei Scheiben Speck auf einen gebutterten Pfannkuchen legen und ein Ei darüber aufschlagen. Wenn der Speck leicht brutzelt, den Pfannkuchen so einschlagen, daß Speck und Ei zugedeckt sind. Den Pfannkuchen wenden und noch eine Minute weiterbacken. Heiß servieren.

Räucherlachs

2 Scheiben Räucherlachs auf einen Pfannkuchen legen, diesen einschlagen und mit mit Dill vermischter Schlagsahne servieren.

Kuttel- oder Darmwurst

3 Scheiben einer sehr guten Kuttel- oder Darmwurst auf einem gebutterten Pfannkuchen verteilen. 2 Apfelscheiben darauflegen, zusammenklappen, wenden und noch 1 Minute weiterbacken. Heiß servieren.

Schinken/Käse

Eine Scheibe Schinken auf einen gebutterten Pfannkuchen legen und mit geriebenem Käse überstreuen. Zusammenklappen, wenden und noch 1 Minute weiterbacken. Heiß servieren.

EIN PAAR SERVIERVORSCHLÄGE FÜR CRÊPES

Crêpes mit geriebenen Äpfeln

Eine mit Butter bestrichene Crêpe mit einem fein geriebenen Apfel bestreichen und mit etwas Honig beträufeln. Zusammenklappen.

Crêpes mit Marmelade

Eine leicht gebutterte Crêpe mit Marmelade bestreichen und zusammenklappen.

Buchweizenpfannkuchen mit Honig

Einen hauchdünnen Buchweizenpfannkuchen mit etwas Butter bestreichen. Einen Löffel Honig darüberträufeln, zusammenklappen und servieren.

Crêpes mit Schokolade

Eine Crêpe mit süßer Butter bestreichen und mit Kakao bestäuben. Zusammenklappen und schön heiß servieren.

BROTE

APFELWEIN-BROT

750 G WEIZENMEHL,
300 G ROGGENMEHL,
10 G ZUCKER,
750 G APFELWEIN VOM BAUERNHOF (AUF KEINEN FALL PASTEURISIERTEN APFELWEIN NEHMEN!),
20 G BÄCKERHEFE,
15 G SALZ.
Foto Seite 90

- Die beiden Mehlsorten mit der Hefe und dem Apfelwein in eine Rührschüssel geben.
- Mit den Knethaken des elektrischen Rührgerätes bearbeiten und ungefähr 20 Minuten auf langsamster Geschwindigkeitsstufe durchkneten.
- Zucker und Salz zufügen.
- Noch weitere 5 Minuten durchkneten, der Teig soll sich vom Schüsselboden lösen aber noch weich sein.
- Den Teig in eine größere Schüssel geben, mit einem Tuch bedecken und 1 Stunde gehen lassen.
- In dieser Zeit wird sich der Teig verdoppeln.
- Nach Ablauf der Stunde den Teig abschlagen und etwas mit der Hand durchkneten.
- 2 Teigkugeln von ca. 900 g formen und auf ein Backblech legen.
- 1 Stunde an einem wohltemperierten Ort gehen lassen.
- Die Oberfläche mit einem kleinen Messer einige Male einschneiden.
- Im Ofen bei 220° ungefähr 45 Minuten backen.

DICKMILCH-BROT

1 KG WEIZENMZHL,
10 G ZUCKER,
600 G DICKMILCH,
20 G BÄCKERHEFE,
15 G SALZ.
Foto Seite 93

- Das Mehl, die Hefe und die Buttermilch in eine Rührschüssel geben.
- Mit dem Knethaken des Rührgerätes ungefähr 10 Minuten auf kleinster Geschwindigkeitsstufe durchkneten.
- Zucker und Salz zufügen.
- Den Teig weitere 5 Minuten durcharbeiten, bis er sich vom Schüsselboden löst aber noch schön weich ist.
- Den Teig dann in eine ziemlich große Schüssel geben, mit einem Tuch bedecken und 1 Stunde gehen lassen.
- Der Teig verdoppelt sich in dieser Zeit .
- Nach Ablauf der Stunde den Teig abschlagen und noch etwas mit der Hand durchkneten.
- 2 Teigkugeln von je ungefähr 800 g formen, aus jeder einen länglichen Laib bilden und auf ein Backblech legen.
- An einem wohltemperierten Ort noch eine Stunde gehen lassen.
- Die Oberfläche der Laibe mit einem kleinen Messer einige Male einschneiden.
- Ungefähr 40 Minuten bei 220° im Ofen backen.

SÜßES BROT

1 KG MEHL,
3 EIER,
150 G ZUCKER,
300 G MILCH,
200 G BUTTER,
20 G BÄCKERHEFE,
15 G SALZ,
50 G RUM.

- Mehl und Zucker auf eine Arbeitsfläche geben und oben eine Mulde eindrücken.
- Die Milch, die Hefe, die Eier und den Rum mit einer Gabel in einer Schüssel verschlagen.
- Diese Mischung in die Mulde im Mehl gießen.
- Nach und nach das Mehl einrühren und die weiche Butter und das Salz zufügen. 10 Minuten kräftig durchkneten.
- Den Teig 30 Minuten gehen lassen.
- Eine Kastenform zu einem Drittel mit dem Teig füllen oder kleine Laibe von je 500 g formen.
- Nochmals 40 Minuten gehen lassen.
- Im Backofen bei 180° ungefähr 30 Minuten backen.

Solange & Jacques
AUBERGE

MILCHSPEISEN

SAHNECRÈME AUF RENNAISER ART

• Darauf achten, daß die Sahne bester Qualität ist und die Eier legefrisch sind. Man benötigt außerdem ganz feines Mulltuch und die typischen Förmchen, in denen die Sahnecrème angesetzt wird.
• Die Sahne vorsichtig schlagen, ebenso das Eiweiß, der Schnee sollte schnittfest sein.
• Eischnee vorsichtig unter die Sahne heben und in die mit Mull ausgelegten Förmchen geben.
• Abtropfen lassen und erst kurz vor dem Servieren stürzen.
• Mit crème fraîche und Vanillezucker servieren.

MILCHCRÈME

Dieses Rezept beruht auf einer langen Tradition in der Gegend von Morbihan und ist in der atlantischen Loiregegend als geschlagene Milch bekannt. Zum Gelingen dieses Rezeptes ist es wichtig, daß die verwendete Milch bester Qualität ist (die Kühe dürfen nur gesundes Gras und kein Silofutter bekommen haben).

Foto Seite 94

• 2 Liter Frischmilch in einer breiten, dickwandigen Steingutschüssel sauer werden lassen, im Sommer keine schwierige Angelegenheit. Die Schüssel ein paar Stunden lang an einem wohltemperierten Ort stehen lassen.
• Sobald die Milch sauer und schön fest geworden ist, vorsichtig die Sahne abschöpfen und die saure Milch in einem Mulltuch abtropfen lassen. Dies dauert etwa 1 Nacht.
• Die abgetropfte saure Milch in eine Schüssel geben, die abgenommene Sahne und Zucker zufügen und wie Schlagsahne schlagen, um eine leichte, lockere und sahnige Crème zu erhalten. Kühl servieren.

GEBACKENE MILCH

Foto auf gegenüberliegender Seite

• 2 Liter Frischmilch in einer dickwandigen Schüssel sauer werden lassen, im Sommer eine einfache Angelegenheit.
• Die Schüssel mehrere Stunden lang an einen wohltemperierten Ort stellen.
• Sobald die Milch sauer und fest geworden ist, vorsichtig die Sahne abschöpfen. Im Gegensatz zu anderen Rezepten, auf keinen Fall abtropfen lassen.
• Die Schüssel langsam im Wasserbad erwärmen und 7 Minuten im kochenden Wasserbad backen.
• Danach auf einem Mulltuch abtropfen lassen und an einen sehr kühlen Ort stellen.
• Die anfangs abgenommene Sahne schlagen und etwas über jede Portion verteilen. Crème fraîche kann ebenfalls dazu gereicht werden. Die gebackene Milch verdient eine reichliche Beilage. Mit Zucker servieren.

NANTAISER SAUERMILCH-MOUSSE

500 G SAHNE,
3 EIWEIß,
ZUCKER.

Foto Seite 98

• Milch in einer breiten Steingutschüssel sauer werden lassen.
• Danach ungefähr 12 Stunden lang auf einem Mulltuch abtropfen lassen.
• Abwiegen, genau dieselbe Menge crème fraîche unterziehen und wie Schlagsahne schlagen. Danach wieder auf einem Mulltuch abtropfen lassen.
• Mit Zucker servieren.

DICKMILCH

Foto unten

• 2 Liter Milch in einen Steinguttopf gießen und ein kleines, etwa "eigroßes" Säckchen mit getrocknetem Artischockenheu hineinhängen.
• Ungefähr 1/4 Stunde in der Milch ziehen lassen, dabei das Säckchen mehrmals ausdrücken, damit der Artischocken-Saft austreten kann.
• Den Topf mit der Milch an einen warmen Ort stellen, die Milchtemperatur soll bis auf 35° ansteigen.
• Sobald sich eine Linie um den Topf herum bildet und Wasser hervortritt, den Topf von der Wärmequelle entfernen und nach etwa 5 Minuten aus der so gewonnenen Dickmilch Stücke herausschneiden.
• Die Dickmilch wird kalt gegessen. Man bereitet sie abends für den nächsten Morgen vor und bewahrt sie an einem sehr kühlen Ort auf.

Falls die Dickmilch mit Sahne serviert wird, nimmt man durchlöcherte Löffel, damit die Molke ablaufen kann.

GEBÄCK UND DESSERTS

FASCHINGSKRAPFEN

• Die Milch in einem Topf erhitzen. Die in kleine Stückchen geschnittene Butter und 1 Prise Salz zufügen, einmal aufkochen und den Topf vom Herd nehmen.
• Jetzt das Mehl auf einen Schwung zugeben und kräftig rühren. Den Topf wieder auf den Herd stellen und solange rühren, bis der Teig sich vom Rührlöffel und von den Topfwänden löst.
• Vom Herd nehmen, den Teig in eine Schüssel geben und weitere 2 Minuten durcharbeiten.
• Nacheinander die Eier zufügen, dabei jedesmal wieder kräftig durchkneten. Der Teig soll schön glatt und geschmeidig sein.
• Das Fritierfett auf 180° erhitzen.
• Mit Hilfe eines Suppenlöffels nußgroße Teigmengen abstechen, ins Fritierfett geben und sich dabei vor Fettspritzern hüten.
• Die Krapfen gehen auf und nehmen die Form kleiner Bälle an, die sich von selbst im Fett umdrehen.
• Die andere Seite ebenfalls goldgelb backen.
• Die fertigen Krapfen mit einem Schaumlöffel aus dem heißen Fett nehmen und auf Küchenkrepp abtropfen lassen.
• Mit Zucker bestreuen und servieren.

4 EIER,
250 G MILCH,
125 G MEHL,
60 G BUTTER,
ZUCKER,
1 PRISE SALZ,
FRITIERFETT.
Foto auf gegenüberliegender Seite

MILCHHAUT-KUCHEN

• Man erhält die Milchhaut auf folgende Weise :
- 2 l Vollmilch (die Milch sollte wenn möglich von grasfressenden Kühen stammen. Silonahrung übermittelt der Milch einen Nachgeschmack).
- 4 bis 5 Stunden oder eine ganze Nacht abkühlen lassen.
- Dann mit äußerster Vorsicht die Haut auf der Milchoberfläche abnehmen (mit einem Löffel).
Und nun kann der Kuchen gebacken werden.
• Eigelb und Eiweiß trennen. Die Eigelb solange mit dem Zucker schlagen, bis eine weißliche, schaumige Masse entsteht.
• Die Milchhaut zugeben, dann das Mehl und das Backpulver.
• Die Eiweiß schnittfest schlagen. Sorgfältig unter den Teig ziehen.
• Eine Kuchenform von 20 cm Durchmesser buttern und mit Mehl ausstreuen.
• Den Teig einfüllen und ungefähr 30 Minuten bei 200° im Ofen backen.

4 EIER,
200 G ZUCKER,
200 G MILCHHAUT,
200 G MEHL,
1 PÄCKCHEN BACKPULVER.
Foto Seite 100

BRETONISCHE BUTTERPLÄTZCHEN

• Das Mehl auf die Arbeitsfläche geben und eine Mulde hineindrücken.
• Die Eier aufschlagen und in die Mulde geben, dann die weiche Butter, den Zucker und das Orangenblütenwasser zufügen.
• Zuerst den Zucker, die Butter und die Eier miteinander vermischen, dann nach und nach das Mehl einrieseln lassen.
• Fleißig durcharbeiten, bis ein geschmeidiger Teig entsteht.
• Den Teig 2 bis 3 cm dick ausrollen. Kleine runde Plätzchen ausstechen (mit einer speziellen Form oder einem umgedrehten Glas).
• Diese Plätzchen auf ein Backblech legen und das mit der Milch vermischte Eigelb mit einem Pinsel auftragen.
• 20 bis 25 Minuten bei 180° im Backofen backen.

500 G MEHL,
250 G LEICHT GESALZENE BUTTER,
250 G ZUCKER,
3 EIER,
ORANGENBLÜTENWASSER.
ÜBERZUG
1 EIGELB,
1 EL MILCH.

BUTTERKUCHEN AUS DOUARNENEZ

850 G BROTTEIG
(TRADITIONSGEMÄß MIT HEFE),
400 G LEICHT GESALZENE BUTTER
(WENN MÖGLICH VOM BAUERNHOF),
400 G ZUCKER.
Foto auf gegenüberliegender Seite

- Den Brotteig ausrollen.
- Die zimmerwarme, weiche Butter auf den ausgerollten Teig legen.
- Etwas breit drücken und mit Zucker bestreuen.
- Die Teigränder zur Mitte hin einschlagen, so daß die Butter und der Zucker davon bedeckt werden.
- Zu einem Rechteck ausrollen.
- Dreifach einschlagen, wie ein Taschentuch und 30 Minuten gehen lassen.
- Das Teigstück um 45° drehen und wieder ausrollen.
- Dreifach einschlagen und 30 Minuten ruhen lassen.
- Den Vorgang nochmals wiederholen.
- Den Teig 30 Minuten ruhen lassen.
- Noch einmal ausrollen.
- 2 gebutterte Kastenformen (30 cm Durchmesser) mit dem Teig auslegen.
- Das auf der Oberfläche des Teigs verbleibende Mehl entfernen.
- Wasser über die Kuchen verspritzen und mit Zucker bestreuen.
- 25 Minuten bei 220° im Ofen backen.

Die Kruste des Kuchens sollte leicht karamelisiert und schön goldgelb sein.

BUTTERKUCHEN VON SCAER

125 G MEHL,
250 G BROTTEIG
(TRADITIONSGEMÄß MIT HEFE),
250 G LEICHT GESALZENE BUTTER
(WENN MÖGLICH VOM BAUERNHOF),
250 G ZUCKER,
1 EI.
Foto Seite 107

- Alle Zutaten gut miteinander vermischen.
- Den Teig in eine Form von 24 cm Durchmesser drücken.
- Mit Zucker bestreuen.
- 30 Minuten bei 180° backen.

Ich bin fast sicher, daß dies das ursprüngliche Butterkuchenrezept ist. Ein Leckerbissen, den man früher im Dorfbackofen buk und zwar aus Brotteigresten.

Der Butterkuchen von Douarnenez soll nur eine Nachahmung des hier beschriebenen sein, ein Bäcker soll die Blätterteigtechnik einfach übernommen haben. Die spezielle Blätterteig-Methode tauchte in Frankreich erst gegen Ende des 17.Jahrhunderts auf.

SÄCKCHEN-AUFLAUF

FÜR DEN TEIG :
1 KG MEHL, 1 PÄCKCHEN BACKPULVER,
3 EIER, 250 G CRÈME FRAÎCHE,
1 JOGHURT NATUR.
FÜR DIE FÜLLUNG :
120 G KORINTHEN,
200 G BRAUNER ROHRZUCKER, 250 G BUTTER.

- Mit allen Zutaten einen Teig zubereiten, ausrollen und in vier Teile teilen.
- In die Mitte von jedem Teil 50 g Rohrzucker, 60 g Butter und 30 g Korinthen setzen.
- Die Teigränder anfeuchten und über die Mischung klappen (wie eine Apfeltasche).
- In ein Tuch einrollen und dieses an beiden Enden zubinden.
- In leicht gesalzenes, kochendes Wasser tauchen und eine gute halbe Stunde darin garen lassen.
- Aus dem Tuch rollen und noch heiß, mit Zucker bestreut,
- Servieren.

Brioche-Auflauf für Feinschmecker

5 Eier,
3/4 l Milch,
60 g Honig,
120 g Butter,
1 altbackene Brioche,
250 g Apfelmus.

- Die Brioche in zentimeterdicke Scheiben schneiden.
- Man benötigt etwa 12 Scheiben.
- 6 Scheiben beidseitig buttern.
- Nebeneinander in eine ofenfeste Form legen.
- Mit einem Löffel eine Schicht Apfelmus darauf verteilen.
- Die 6 übrigen Scheiben darüberlegen.
- Die Milch mit dem Honig in einem Topf erwärmen.
- Die Eier in einer Schüssel aufschlagen und kräftig mit einer Gabel verschlagen.
- Wenn der Honig völlig in der Milch aufgelöst ist, die Flüssigkeit mit den Eiern vermischen.
- Diese Eier-Milch-Mischung über die Briochescheiben gießen.
- 20 Minuten bei 200° im Ofen überbacken.
- Dieses Gericht kann kalt oder warm serviert werden.
- Mann kann die Brioche auch durch Roggenbrot ersetzen, das schmeckt zwar uriger aber auch sehr gut.

Kleine Windbeutel

4 Eier,
250 g Wasser,
140 g Mehl,
1 Prise Salz,
100 g Butter,
Hagelzucker.

- Das Wasser in einem Topf erhitzen.
- Die in kleine Stücke geschnittene Butter und eine Prise Salz zufügen.
- Langsam zum Kochen bringen und dann den Topf vom Herd nehmen.
- Das Mehl auf einen Schwung zugeben und kräftig rühren.
- Den Topf wieder erhitzen.
- Den Teig solange durcharbeiten, bis er sich vom Rührlöffel und vom Topfrand löst.
- Vom Herd nehmen, den Teig in eine größere Schüssel füllen und noch 2 Minuten durcharbeiten.
- Nach und nach die Eier zugeben, dabei jedesmal gründlich aber nicht zu lange rühren.
- Der Brandteig soll glatt und geschmeidig sein.
- Ein Backblech einfetten.
- Mit einer Spritztüte kleine Häufchen (ungefähr 3 cm Durchmesser) auf das Blech spritzen.
- Die Häufchen mit Hagelzucker bestreuen und das Blech in den Ofen schieben.
- 30 Minuten bei 220° backen.
- Damit die Windbeutel schön weich bleiben, sollte man die Backofentür während der letzten 10 Backminuten leicht öffnen.

Diese kleinen Windbeutel kann man je nach Geschmack und Tageszeit lauwarm oder kalt genießen. Sie schmecken so gut, daß sie nie lange auf dem Servierteller liegen bleiben.

Teekuchen aus Vannes

500 g Mehl, 4 Eigelb, 2 Eier,
250 g Butter, 150 g brauner Rohrzucker,
125 g kandierte Früchte.
Foto Seite 108

- Weiche Butter schaumig schlagen, die Eigelb und den Rohrzucker zufügen.
- Mehl langsam unterheben und die kandierten Früchte hineingeben.
- In eine Form füllen, der Teig sollte 3 cm hoch sein.
- 1 Stunde bei 180° im Ofen backen.

SUCRE

Magdalenenplätzchen

5 Eier,
180 g Zucker,
180 g Butter,
200 g Mehl,
1 Päckchen Vanillezucker,
1 Päckchen Backpulver.
Foto auf gegenüberliegender Seite

- 180 g Butter an einem warmen Ort in einem kleinen Topf schmelzen lassen.
- Die Eier, den Zucker und den Vanillezucker in einer Schüssel mit einem Schneebesen kräftig schlagen. Die erkaltete, geschmolzene Butter zugeben.
- Das mit dem Backpulver vermischte Mehl löffelweise in die Masse hineinmengen.
- Eine spezielle Magdalenen-Plätzchenform reichlich ausbuttern und mit Mehl ausstreuen. 3/4 der Vertiefungen mit dem Plätzchenteig füllen.
- In den 200° heißen Backofen schieben.
- Etwa 10 Minuten backen. Mit Hilfe eines Messers die Garprobe machen : bleibt die Klinge trocken, sind die Plätzchen "durch".
- Nach Backende sofort aus den Formen lösen.
- Ich erinnere mich noch heute an das unvergeßliche Aroma dieser Magdalenenplätzchen, das mein Elternhaus am Magdalenenfest durchzog.

Bretonischer Vanillepudding

Der unvergleichliche Geschmack dieser Nachspeise steht und fällt mit der Eier- bzw. Milchqualität. Es ist heutzutage schwierig, dieses Gaumenvergnügen unserer Kindheit im aktuellen Vanillepudding wiederzufinden, wo doch die Milch fettarm, pasteurisiert oder halbfett ist. Sie ähnelt in keiner Weise der Vollmilch, die man noch auf Bauernhöfen findet. Ebenso sind die Eier - und zwar die richtigen Freilandeier - bedeutend gehaltvoller. So reichen z.B. 10 Eier von Freilandhühnern ohne weiteres für ein Rezept, das für 12 Batterie-Hühnereier vorgesehen ist. Außerdem vermitteln die Freilandeier der Speise ein intensiveres Gelb. Aber Vorsicht : die Herkunft der Eier ist oft fraglich.

7 Eier,
150 g Zucker,
50 g Vanillezucker,
1 l Vollmilch.

- Den Liter Vollmilch zum Kochen bringen.
- Die Eier in einer Schüssel aufschlagen, den Zucker und Vanillezucker dazugeben und mit dem Schneebesen kräftig schlagen.
- Die kochendheiße Milch darübergießen und wieder kräftig schlagen.
- Die Flüssigkeit in eine ofenfeste Form gießen.
- 45 Minuten bei 90° im Backofen stocken lassen.

Falls Ihr Backofen nicht über eine so niedrige Hitzestufe verfügt, ist es ratsam, die Speise im Wasserbad zu garen. Stellen sie die Form mit der Eier-Milch-Mischung in eine noch größere, mit etwas Wasser gefüllte Form. Stellen Sie Ihren Backofen auf 150° und garen Sie diesen Pudding, bis dieser nicht mehr flüssig ist, sondern eine "wackelige" Konsistenz aufweist.

Apfelkuchen

Für den Teig :
250 g Mehl, 150 g Butter,
1 EL Zucker, 1 EL Muscadet.
Für den Belag :
500 g Äpfel, wenn möglich aus Chailleux,
80 g Zucker, 100 g Butter.

- Aus allen Zutaten eine Teig zubereiten, ausrollen und eine Kuchenform damit auskleiden.
- Äpfel schälen und in dünne Scheiben schneiden. Kreisförmig auf dem Teig anordnen.
- Mit Zucker bestreuen und Butterstückchen darauf verteilen.
- 1 Stunde bei 150° im Ofen backen.

Lebkuchen

• Eine Kastenform ausbuttern und so mit Backtrennpapier auslegen, daß das Papier über die Seitenwände reicht.
• Lauwarmes Wasser mit Honig, Zucker und Rum vermischen.
• Kandierte Früchte kleinwürfeln, Orangen- und Zitronenschale sehr fein hacken.
• Die verschiedenen Mehlsorten in eine große Schüssel geben und die Wasser-, Zucker, Honig- und Rum-Mischung dazugießen.
• Das Ganze gründlich durchkneten, bis eine gleichmäßige Masse entsteht.
• Gewürze, kandierte Früchte, Natron und Ricard zufügen und vorsichtig untermengen.
• Mindestens 48 Stunden kühl stellen. Die ganze Qualität dieses Lebkuchens hängt von dieser Ruhezeit ab. In dieser Zeit können alle Aromastoffe heranreifen und den einzigartigen Geschmack entfalten, bei dem nichts vorherrscht, bei dem sich aber ein völlig neues Aroma bildet.
• Falls Sie zu den immer unter Zeitdruck stehenden Städtern zählen, können Sie diese Ruhezeit auch weglassen.
• In der Kastenform 1 Stunde bei 180° backen.

400 g Wasser, 400 g Buchweizenmehl,
150 g Zucker, 50 g Rum.
Kalt vermischen und
150 g Roggenmehl,
200 g Weizenmehl,
100 g Buchweizenmehl, hineinarbeiten.
Dann folgende Gewürze zufügen :
die unbehandelte Schale einer Zitrone,
die unbehandelte Schale einer Orange,
1 Messerspitze Zimt, 1 Prise feines Salz,
1 Messerspitze geriebene Muskatnus,
5 cl Ricard,
100 g kandierte Früchte,
120 g Korinthen, 70 g Mandelblätter,
20 g Haushaltsnatron.
Foto auf gegenüberliegender Seite

Hochzeitsreis

• Die kalte Milch, den abgespülten Reis, den Zucker, die längshalbierten und ausgekratzten Vanilleschoten, die Orangenschale und die kleingewürfelte Butter vermischen und in eine große Kuchenform geben.
• Bei kleiner Hitze 5 bis 6 Stunden im Backofen backen lassen.
• Man ißt diesen Auflauf kalt oder lauwarm.

5 l Milch,
250 g Milchreis,
250 g Zucker, 200 g leicht gesalzene Butter,
2 Vanilleschoten,
1 Stückchen unbehandelte Orangenschale.
Foto Seite 112

Arme Ritter nach Bretagneart

• Das Brot in Scheiben von etwa 2 cm Dicke schneiden.
• Milch leicht erwärmen.
• Die Eier in einer Schüssel mit dem Vanillezucker und dem Apfelschnaps verschlagen.
• Die Brotscheiben nebeneinander in eine tiefe Schüssel legen.
• Die lauwarme Milch darübergießen und das Brot 30 Minuten lang durchweichen lassen.
• Die Brotscheiben abtropfen lassen und einzeln in der Eimasse wenden.
• Butter in einer großen Pfanne zum Schäumen bringen und darin die Brotscheiben ausbacken. Wenn die Unterseite leicht gebräunt ist, wenden und weiterbacken, bis auch diese Seite goldgelb ist. Zum Wenden hilft ein Spatel oder ein Schaumlöffel.
• Heiß und mit Zucker bestreut servieren.
• Man kann die Armen Ritter aber auch ebensogut mit einer guten Marmelade essen.

3 Eier,
1/2 l Milch,
100 g Zucker,
50 g Vanillezucker,
1 EL Apfelschnaps,
100 g Butter,
1 altbackenes Brot.
Foto Seite 116

Vanillezucker

Man kann Vanillezucker auch selbst herstellen.
Man benötigt dazu ein 1 l Einmachglas, in das man eine Vanilleschote legt und das man dann mit Zucker auffüllt. Das Glas schließen und den Zucker 1 Monat in einem Schrank durchziehen lassen.Nun hat man jederzeit Vanillezucker bereit.
Nicht vergessen, das Glas nach jedem Gebrauch wieder gut zu verschließen.

HAFERMUS

• Den Hafer auf einem Backblech verteilen und im Ofen (Thermostat 7) 20 Minuten lang rösten, so wie Kaffee.
• Die Milch zum Kochen bringen und über den gerösteten Hafer gießen
• 3 Stunden quellen lassen. Den Hafer in einem Sieb abtropfen lassen, dabei die Milch auffangen.
• Zucker und Eigelb vermischen, die durchgeseihte Hafermilch und schließlich die frische Sahne zugießen. Die Sahneschicht sollte etwa 1 1/2 cm hoch sein.
• Die Mischung in einer ofenfesten Porzellan-Auflaufform 1 Stunde lang bei Thermostat 4 im Ofen backen. Den Backvorgang überwachen.
• Wenn das Mus "durch" zu sein scheint (es sollte leicht wackeln), die Form aus dem Ofen nehmen. Erkalten lassen.
• Mit Rohrzucker bestreuen und 1 Minute unter den Backofengrill stellen.

1 1/2 L MILCH,
1/2 L FRISCH ABGESCHÖPFTE SAHNE,
200 G HAFER,
12 EIGELB,
180 G ZUCKER, BRAUNER ROHRZUCKER.
Foto auf gegenüberliegender Seite

VIER-VIERTEL-KUCHEN

• Butter langsam bei geringer Hitze schmelzen lassen.
• Die Eier aufschlagen und die Eigelb von den Eiweiß trennen.
• Eigelb mit Zucker in einer Rührschüssel kräftig mit einem Schneebesen schlagen, bis die Mischung schaumig und weißlich wird.
• Die geschmolzene, abgekühlte Butter unterrühren. 2 EL Rum zufügen.
• Das mit Backpulver vermischte Mehl unterziehen.
• Die Eiweiß schnittfest schlagen.
• Behutsam mit einem Spatel unter den Teig ziehen.
• Eine runde Kuchenform (20 cm Durchmesser) buttern und mit Mehl ausstreuen.
• Teig in die Form füllen und 20 Minuten bei ungefähr 200° im Ofen backen.
• Der Vier-Viertel-Kuchen ist durchgebacken, wenn an einer Messerspitze, mit der man in die Mitte des Kuchens sticht, kein Teig mehr haften bleibt.
• Den Kuchen aus dem Ofen nehmen, 30 Minuten abkühlen lassen und dann auf ein Kuchengitter stürzen.

4 EIER,
DASSELBE GEWICHT ZUCKER WIE DIE EIER,
DASSELBE GEWICHT MEHL WIE DIE EIER,
1 PÄCKCHEN BACKPULVER,
2 EL RUM (NACH GESCHMACK).
Foto Seite 121

APFELSOUFFLÉ

• Die Äpfel waschen, einzeln trockenreiben und die Stiele entfernen.
• Die Äpfel vierteln und in eine ofenfeste Form legen. Zugedeckt im Ofen 1 Stunde weichgaren.
• Durchpressen. Das Apfelmus in einen Topf füllen, die 6 Eigelb zufügen und langsam erhitzen. Die Eiweiß steifschlagen und dabei 50 g Zucker einrieseln lassen.
• Die Eiweiß behutsam mit einem Holzspatel unter das Apfelmus ziehen, die Masse sollte eine lockere Konsistenz aufweisen.
• Die Löffelbiskuits in Stücke brechen. Mit Calvados beträufeln.
• Eine Soufflé-Form buttern und mit Zucker ausstreuen.
• Die Hälfte der Apfel-Eiweiß-Masse in die Form füllen. Die Löffelbiskuits darauf verteilen und mit dem Rest der Apfelmasse überdecken.
• 15 Minuten bei 200° im Ofen backen.

Das fertige Soufflé kann mit einer Aprikosensoße serviert werden.

1 KG REINETTENÄPFEL,
6 EIER (EIWEIß VOM EIGELB TRENNEN),
50 G BUTTER,
100 G ZUCKER,
5 LÖFFELBISKUITS,
1 DL CALVADOS (APFELSCHNAPS AUS DER NORMANDIE).
Foto Seite 120

EINGEMACHTES UND MARMELADEN

Süß-Sauer eingelegte Kirschen

1 kg Kirschen mit Stiel (ziemlich groß und schön rot),
1 l Weinessig,
200 g brauner Rohrzucker,
5 Nelken,
1 Stange Zimt,
1 unbehandelte Orangenschale,
10 g Pfefferkörner.

• Kirschen unter fließendem Wasser gründlich abspülen und zum Abtropfen auf ein Küchenhandtuch legen.
• Wasser in einem Topf zum Kochen bringen.
• Ein 1 l Einmachglas mit diesem kochendheißen Wasser ausspülen, dabei die Rille nicht vergessen.
• Das Wasser wieder ausschütten und das Glas auf einem viermal gefalteten Küchenhandtuch austropfen lassen.
• Die Kirschenstiele bis auf 1 cm kürzen.
• Die Früchte abwechselnd mit den anderen Zutaten auf dekorative Weise ins Glas schichten.
• Den Weinessig mit dem Zucker zum Kochen bringen und noch kochend heiß über die Kirschen gießen.
• Das Glas luftdicht verschließen und die Kirschen bis zum Verbrauch ungefähr 2 Monate im kühlen Keller durchziehen lassen.

Eine ausgezeichnete Beilage zu Wurstwaren (Aufschnitt) und kaltem Braten. Schmeckt aber genauso gut zum Aperitif.

Marinierte Champignons

1 kg junge Wiesen-Champignons oder Echte Reizker,
1/2 l Rotweinessig,
1,5 dl Traubenkernöl,
2 kleingehackte Knoblauchzehen,
10 Pfefferkörner,
1 Bouquet garni (Kräutersträußchen: hier aus Petersilienstengeln, Thymian, Lorbeerblatt, 1 Zweig Fenchelkraut).

• Champignons putzen, Schmutz und Grashalme von Kopf und Fuß entfernen.
• Kurz unter fließendem Wasser abspülen und gut abtropfen lassen.
• Die Champignons 2 Minuten lang in kochendem Wasser blanchieren.
• Abschrecken und abtropfen lassen.
• Essig, Öl, gehackten Knoblauch, Pfefferkörner und das Kräutersträußchen in einen Topf geben und zum Kochen bringen.
• Die Champignons zufügen und noch weitere 2 Minuten kochen lassen.
• Wasser in einem Topf zum Kochen bringen und ein 1 l Einmachglas damit ausspülen, dabei die Rille nicht vergessen.
• Das Wasser wieder ausschütten und das Glas auf einem vierfach gefalteten Küchenhandtuch austropfen lassen.
• Die Champignons würzen und in die vorbereiteten Gläser einschichten.
• Vor dem Servieren ein paar Tage durchziehen lassen.

Diese marinierten Champignons schmecken hervorragend zu Wildpasteten, zu Wurstwaren oder kaltem Braten. Ich persönlich bevorzuge diese Champignons als Beilage zu pochiertem oder gegrilltem Fisch.

Mispelmarmelade

1 kg Mispeln,
1 kg Zucker,
500 cl Wasser.

• Reife aber unbeschädigte Mispelbeeren kaufen. Gründlich abspülen und entkernen.
• Wasser und Zucker in einen speziellen Marmeladenkochtopf geben, aufkochen und 5 Minuten kochen lassen.
• Die Früchte dazugeben und 40 Minuten unter ständigem Rühren kochen lassen.
• Den Topf vom Herd nehmen. In vorbereitete Gläser füllen und fest verschließen.

ESSIGGURKEN

1 KG VORWIEGEND KLEINE EINMACHGURKEN,
1,500 L WEIßWEINESSIG,
250 G GROBES SALZ,
200 G SILBERZWIEBELN,
3 THYMIANZWEIGE, 1 LORBEERBLATT,
4 ESTRAGONZWEIGE, 5 NELKEN,
25 GRAUE PFEFFERKÖRNER,
3 HALBIERTE KNOBLAUCHZEHEN (KEIM ENTFERNEN),
COCKTAILTOMATEN.
Foto auf gegenüberliegender Seite

- Die Einmachgurken einzeln abbürsten und trockenreiben.
- In eine Schüssel mit grobem Salz legen und 24 Stunden lang einziehen lassen.
- Danach mit Essigwasser abspülen und einzeln abtrocknen.
- Die Silberzwiebeln abziehen.
- Die Knoblauchzehen auf dem Boden der vorbereiteten Einmachgläser verteilen und die Gürkchen abwechselnd auf dekorative Weise mit Estragon, Thymian, Lorbeerblatt, Silberzwiebeln und Cocktailtomaten einschichten.
- Die Pfefferkörner und die Nelken dazugeben.
- Mit Essig begießen , die Gläser dicht verschließen und vor dem Verzehr mindestens 40 Tage lang im Keller durchziehen lassen.

HAGEBUTTENMUS

1 KG TOMATEN,
2 KG HAGEBUTTEN,
1 L WEIßWEIN,
200 G ZWIEBELN,
4 BIS 5 EL OLIVENÖL,
500 G ÄPFEL,
30 G GROBES SALZ,
3 NELKEN,
1 STÜCKCHEN UNBEHANDELTE ZITRONENSCHALE,
2 WACHOLDERBEEREN,
50 G XERES-ESSIG.

- Die Zwiebeln abziehen und in dünne Scheiben schneiden.
- Die Hagebutten gründlich säubern, abspülen und halbieren.
- Stielansätze der Tomaten entfernen und Tomaten vierteln.
- Mit Hilfe eines Teelöffels großzügig entkernen.
- Die Äpfel schälen, entkernen und vierteln.
- Die Zwiebelscheiben in Olivenöl andünsten. Die geviertelten Tomaten, die halbierten Hagebutten, den Weißwein, die geviertelten Äpfel, Salz und die anderen Gewürze zugeben
- 30 Minuten köcheln lassen.
- Durch ein Haarsieb streichen.
- Ein 1 l Einmachglas ausbrühen, dabei die Rille nicht vergessen, und umgekehrt auf einem vierfach gefalteten Küchenhandtuch austropfen lassen.
- Gegebenenfalls nachwürzen.
- Ins Glas füllen und 1 Stunde lang sterilisieren.

EINGELEGTER MEERESFENCHEL

1 KG MEERESFENCHEL (ODER QUELLER ODER GLASKRAUT),
1,5 L WEIßWEINESSIG,
150 G SILBERZWIEBELN,
3 THYMIANZWEIGE,
1 LORBEERBLATT,
2 ESTRAGONZWEIGE,
3 NELKEN,
60 WEIßE PFEFFERKÖRNER,
2 HALBIERTE KNOBLAUCHZEHEN, OHNE DEN GRÜNEN KEIM.

- Den Meeresfenchel verlesen und nur die jungen, zartgrünen Sprossen zurückbehalten.
- Keinen harten oder gelb-grünen Meeresfenchel verwenden.
- Gründlich waschen und auf einem Küchenhandtuch abtropfen lassen.
- Die Silberzwiebeln schälen.
- Einmachgläser mit kochendheißem Wasser ausbrühen , dabei die Rillen nicht vergessen.
- Auf einem vierfach gefalteten Küchenhandtuch austropfen lassen.
- Meeresfenchel und die Gewürze in die vorbereiteten Gläser schichten.
- Weißweinessig in einem Topf erhitzen.
- Den kochendheißen Essig über den Meeresfenchel gießen.
- Die Gläser fest verschließen.
- An einem kühlen Ort im Keller aufbewahren.
- Kann nach etwa 1 Monat verzehrt werden und schmeckt ähnlich wie Essiggurken.

BROMBEER-ODER HOLUNDER-KETCHUP

500 g Brombeeren oder Holunderbeeren,
500 g säuerliche Äpfel,
500 g Tomaten,
4 große Schalotten,
100 g brauner Rohrzucker,
1 Messerspitze gemahlene Muskatblüte,
1 TL gemahlener Pfeffer,
1 TL gemahlener Ingwer,
1/2l Apfelweinessig.

- Schalotten abziehen und in dünne Scheiben schneiden.
- Die Beeren säubern und abspülen.
- Die Stielansätze der Tomaten entfernen und Tomaten vierteln.
- Kerne mit einem Teelöffel auskratzen.
- Äpfel schälen, entkernen und vierteln.
- Alle Zutaten in einen Topf geben und zum Kochen bringen.
- Nach 5 Minuten Kochzeit den Topf vom Herd nehmen und die Masse zugedeckt über Nacht ruhen lassen.
- Am nächsten Tag den Topfinhalt kurz aufkochen.
- Abkühlen lassen und durchmixen. Danach in einen Entsafter geben, um den Saft zu entziehen.
- Ein Einmachglas mit kochendem Wasser ausbrühen, dabei die Rille nicht vergessen.
- Das Ketchup nach Geschmack würzen.
- In das Glas füllen und fest verschließen.
- Hält sich längere Zeit im Kühlschrank.

MILCHKONFITÜRE

2 l Vollmilch,
1 kg Zucker,
1 Vanilleschote.

- Milch, Zucker und Vanilleschote in einen Topf mit dickem Boden geben.
- Zum Kochen bringen und dabei ununterbrochen mit einem Holzlöffel umrühren.
- Bei reduzierter Hitze ungefähr 2 Stunden simmern lassen.
- Die Masse soll karamelfarben werden.
- Die Vanilleschote entfernen und die Konfitüre in vorbereitete Gläser füllen.

EINGELEGTE SCHWARZE HOLUNDERBEEREN

500 g Holunderbeeren,
10 kleine Schalotten,
1 l Weißweinessig.

- Die Beeren abzupfen und nur die unbeschädigten zurückbehalten, denn zerdrückte Beeren sind für dieses Rezept ungeeignet.
- Gründlich waschen und vorsichtig auf einem Küchenhandtuch abtropfen lassen.
- Die kleinen Schalotten abziehen.
- Einmachgläser kochendheiß ausbrühen, dabei die Rillen nicht vergessen.
- Die Holunderbeeren mit den Schalotten in die Gläser füllen.
- Den Weißweinessig in einem Topf zum Kochen bringen.
- Ein paar Minuten abkühlen lassen.
- Dann über die Beeren gießen.
- Die Gläser fest verschließen.
- An einem kühlen Ort aufbewahrt (Keller) kann man die Beeren nach etwa 1 Monat genießen.

Kann bei Gelegenheit Kapern ersetzen.

REGISTER

Suppen und Eintöpfe

Muscheln und Schalentiere

Fische

Wurstwaren

Fleisch

Gemüse

Eierspeisen

Mehl- und Mus-Speisen

Crêpes und Pfannkuchen

Brote

Milchspeisen

Gebäck und Desserts

Eingemachtes und Marmeladen

Graphische Konzeption
Brigitte RACINE

Cet ouvrage a été achevé d'imprimer
par l'imprimerie Pollina, 85400 Luçon - n° 73626-C
ISBN : 2.7373.1754.1
Dépôt légal : mai 1995
N° d'éditeur : 3111.02.1,5.01.98